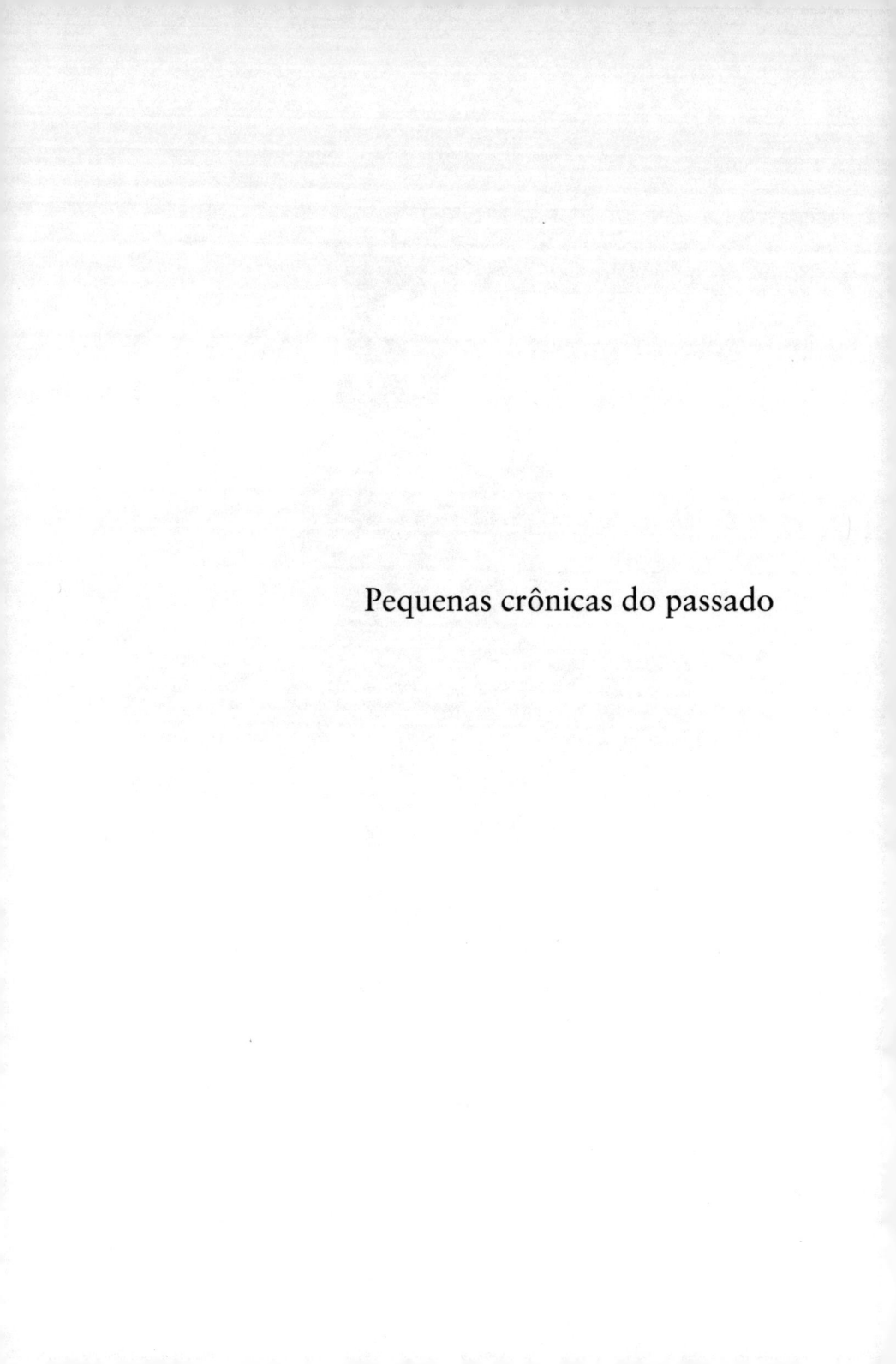

Pequenas crônicas do passado

Filipe Moreau

Pequenas crônicas do passado

Ilustrações MARCOS GARUTI

1ª edição, 2020, São Paulo

LARANJA ● ORIGINAL

Sumário

1 O tropeço nas palavras

Aprimoramento pela escrita	13
Alegria em conceber (algo que depois também se esvai)	15
Deslizes psicológicos	18
Afeto e produções próprias – como escoá-las?	21
Contradições em fazer análise	23
Origem deste livro	26
Alguns exemplos	28
Colocando consciência no que digo	30
Tentando me entender	32
Morada na Filosofia	34
Amor turvo	36
Vida a dois e Arte	39

2 Sobre a língua portuguesa

Observando letras de música	43
Trabalho nas palavras	44
Nossa língua	45
Das curiosidades morfossintáticas	47
Tentando ir mais longe	49
Assunto extra língua: pra onde vai minha saúde	52
Insônia e barulhos que atrapalham a vida (também uma questão de saúde)	56
Dificuldades que são só minhas	57
Fatos irreversíveis da vida pessoal	59
Nova arte e uma vida cada vez melhor	60
Algumas notas ligadas a afeto	63
Com toda desilusão	65
Ainda a vida "amorosa" (parte final)	68

3 Incursões antiacadêmicas

Aprender com os antigos	71
Experiência da troca	73
Tempos de retração social	74
Vida com Música	76
Métodos de repressão nas várias áreas	77
Estados de ânimo	80
Apelo a religiões	82
Produções (im)pessoais	83
Futebol e outros esportes	84
Novos apanhados – voltando a falar de coisas amplas	87
Até onde vai a decepção amorosa	90

4 Concentrando no mestrado

Às voltas com uma pesquisa	93
Guinada para o Velho continente	95
Procurando um Novo tema	97
Mais firmeza nesse assunto	99
Conciliando estudos e casamento	103
Algumas elucidações	106
Excesso teórico	109
Querendo dar o passo seguinte (doutorado)	113
Também um Novo tema	114
Agora faltando pouco	117

5 Algumas leituras

Autores franceses	121
Alemães	123
Língua espanhola	124
Fernando e José (dois portugueses)	125
Paisagens bíblicas e outras leituras religiosas	128
Brasileiros	130
Autores da casa – cor da prata	133
Amigos e parentes	135
Produção e olhar ligados a afeto	139
Jovem pretensioso em crítica a grandes escritores	142

Leituras de ocasião — 145
Um pouco de cinema — 147
TV, séries e mais um filme — 149

6 Com jeito de ficção

As de imediato — 153
Das histórias de Nícol — 154
Da vida em geral (os filosófico-existencialistas) — 155
Entregue a neuroses – e alguns machismos inconsequentes — 157
Raparigas em flor: a primeira volta de Nícol — 159
Sobre o casamento — 161
Da namorada — 162
Novas raparigas — 163
As imediatas de Nícol — 165
Com certo *non sense* — 168
Novas frases esparsas — 170
Dito fim e a política — 174

7 Política para quem precisa

Do cosmos ao oceano: "viagem ao mar" — 177
Momento introdutório: de volta à escrita — 179
A política atual em apanhados filosóficos (o que há de ficção) — 181
Modernidades — 183
Jornalismo para quem precisa — 184
Verdadeira ficção (humorística) — 185
Adentrando em posicionamentos — 187
Assuntos mais polêmicos — 189
Voltando à ficção — 190
Partidarismos — 192
O que eu tenho a ver com a Colômbia e a Venezuela — 194
Haitianos e sírios — 195
Rápidas e rasteiras — 196
Política e natureza: expondo minha decepção — 198
Flagrantes de doutrinação — 201
Dicionário político (e economia de mal a pior) — 203
Ideia, ideologia e afeto — 204
Otimismo — 205

LITERATURA INTIMISTA

Há casos de difícil separação entre o que é vida pessoal e uma literatura de interesse coletivo. Estas *Pequenas crônicas*... nascem, mais uma vez, da enorme quantidade de escritos guardados em diferentes épocas, possíveis de ser localizados e editados a partir do uso do computador.

Apesar do estilo inicialmente próximo ao de um diário, os textos vão aos poucos se mostrando confiantes de que poderiam ser mesmo organizados para caber em uma espécie de literatura intimista. Na seleção dos diversos apanhados, sobressaem as muitas questões de um escritor diante da folha em branco, e na transparência do resultado vão sendo contadas as suas histórias de vida.

São camadas de pensamento: o aprimoramento profissional, a admiração pelos que foram mais longe, a questão afetiva, a vontade de brincar e escrever contos surrealistas e outras vontades normalmente censuradas por quem tem juízo (ou consciência da própria ignorância, como a de emitir opinião política).

E adverte-se, sem falsa modéstia, que a leitura aqui oferecida pode atravessar momentos bons e outros nem tanto. Como a vida.

fev 20

1   O tropeço nas palavras

Aprimoramento pela escrita

SEMPRE HAVERÁ PROCURA

Se me permito escrever assim, em continuidade sem fio – tão gratuitamente quanto nas músicas –, é arte em que só eu me reconheço. Ela não tem valor histórico. Pode até mostrar sensibilidade, e daí o desejo de divulgá-la, desde que não pareça pretensiosa...
Mas há também o olhar crítico, de muita razão acima: o melhor ou nada, e nem aí (por onde afloram as angústias, ou então o feijão com arroz, a rotina do anonimato; e segue-se em frente, cada vez mais tranquilo).

mar 93

PARA QUE LER?

Os bons sentimentos "espirituais" que uma leitura promove são semelhantes aos de um bom filme.
A que serve a literatura? A esses bons sentimentos e, quem sabe, a reflexões maiores – até a lapidações espirituais... Quando se trata de uma ficção, principalmente, vêm à tona as diferentes possibilidades de um ritmo novo.

out 17

COMEÇO DA HISTÓRIA

Onde estão as paredes da minha existência? Converso com o computador como se o futuro me conhecesse melhor. Interessaria a outra pessoa ler o que escrevo? Talvez, quando souber separar as partes do que pode ser bem aproveitado. Mostra-se aqui um pensar conflituoso, emotivo. Onde está a intelectualidade?

Enquanto isso, vou anotando algumas frases:

* Não tenho nenhuma frescura nem desconfiança em relação ao dinheiro; serve para viver bem, fazer coisas ao lado de quem gosto.

* Se tivesse a mulher que desejo, à hora que quisesse, talvez nem a desejasse tanto.

* São medos vazios os meus, de que o mundo pare de rodar.

jan 93

MOVIMENTO DAS DIGRESSÕES INTERNAS

Poderia escrever na forma de poesia, porque hoje me sinto mais leve e grato. Mas também me esforço pela boa prática do discurso em prosa.

Rompo aos trancos o enunciado de tanto que me envergonho ao reler certas coisas. São espécies de diários, exercícios mal feitos, havendo pouco de aproveitável. Como empregar melhor o tempo?

mai 93

MONTANHAS DE ESCRITOS

É engraçado sentir daqui uma saudade de Mauá. Como que imobilizado, guardo ainda muitos escritos, desenhos e coisas entulhadas. Penso agora em repassar aquelas notações musicais. Isso tudo é consequência de uma acumulação de riqueza vinda de antepassados, e de não ter desvirado totalmente de ser criança.

Revisitando o antigo vem uma vontade imensa de passar tudo a limpo. Então vamos.

fev 92

SOBRE ESCREVER DIÁRIOS E FICÇÕES

Na juventude propriamente, quando escrevi a maioria dessas coisas, era um certo "Deus nos acuda" em termos de tempo para poder me dedicar à escrita. Sempre houve mil solicitações fora de casa, telefonemas inconvenientes em hora de trabalho etc. Como é natural nas diferentes idades, àquela época receber um telefonema de amigo era sempre uma alegria e prioridade em relação às produções individuais.

Sinto que na verdade houve uma transformação lenta ao longo dos anos, mas fazer doutorado, de 2007 a 2011, representou um passo decisivo: havia legitimidade em me trancar no escritório e reservar horas importantes do dia apenas para escrever (um trabalho acadêmico, reconhecido pela sociedade, no caso). Acontece que depois de lá, e tendo essa demanda interna de recuperar e aproveitar o melhor de todos esses escritos acumulados, fui me dando a liberdade de priorizar (reservando as melhores horas do dia para isso) as produções individuais.

No caso, minhas melhores horas de trabalho são as manhãs. Para escrever o romance, principalmente, quase todas as cinco – ou sete – manhãs da semana eram reservadas a isso.

jun 15

Alegria em conceber (algo que depois também se esvai)

IDEIAS PARA UM ROTEIRO LITERÁRIO

Às vezes me vêm fantasias de cenas cômicas, como aquela em que a pessoa não pode falar (por causa de uma superstição), então toca algumas notas no piano e o outro vai adivinhando, uma a uma, as palavras...

Seria fácil, porque há mais notas do que teclas de letras, e um novo código poderia ser estudado a fundo, mostrando as sobras de tempo do mundo moderno – onde já não há o que inventar. De tantos comodismos, o homem desacostumado a trabalhar precisa criar novas dificuldades, ou então retomar os trabalhos de concentração que proporcionam seu equilíbrio psíquico-emocional.

Pura enrolação: as ciências modernas mordem (e comem) o próprio rabo. E por aí afora. É tão fácil escrever como os dramaturgos nacionais que vira até meta-gozação. Por aí vai.

jul 93

PRAZER DA ESCRITA

Em determinados momentos, escrever torna-se um prazer quase erótico. Mas o que me induz, intriga, faz querer a todo custo tentar o domínio dessa arte é a busca de apreender determinadas sensações, determinados momentos do estar no mundo e na vida.

Momentos de desistência sempre houve. Não só nesta obsessão de tornar-me escritor, mas também em relação a conquistas menores. A vida é gratuita, não necessita de registro para existir, torna-se até mais leve quando livre de reflexões, indagações, discernimentos e dissertações. O que pode ser escrito é a sobra dela, o que não foi vivido de fato. Torna-se assim uma grande responsabilidade a profissão do que pretende apreendê-la sem feri-la.

jan 93

BUSCA DE UM TEMPO PERDIDO

Há tempos venho trabalhando intensamente, como se o medo de perder a vida é que me apressasse. Nas aulas que dou, tento passar o máximo de informações. Nas administrações de dinheiro, procuro ser ágil e objetivo. Talvez esteja me preparando para a pós-graduação, querendo antes deixar o terreno o mais limpo possível.

Falta pintar a casa, mudá-la, limpá-la mais e melhor. Falta resolvermos se casamos antes ou depois do próximo mês. Falta comprar uma estante, a super bonder, matricular numa natação antes de ver o clube. Há outras coisas na agenda, e tudo será visto.

fev 93

SONHO E SIGNIFICADO DAS COISAS

A realidade é virtual: quase depende dos nossos olhos. Não que se possa concordar com o poeta quando diz que o mundo só existe se for observado, e por causa dessa observação. Não, ele tem sua própria natureza e identidade descritível; não somos nós quem cria uma estrela, mas quem a desvenda.

Da mesma forma, uma relação pessoal depende dos olhos. Um romance que não se cogita pode até parecer saudável quando nasce do sonho. O sonho tem o dom de realizar naturalmente aquilo que a racionalidade recomenda: mudar o ponto de vista, o ângulo de observação. Quando há ciúme, surgem dois caminhos: assumi-lo e levá-lo às consequências práticas, ir até o fim, contestar a realidade e tentar modificá-la; ou então, desprestigiá-lo, descartá-lo, mudar o ângulo de observação. Nesse caso, há de se ter extrema autoconfiança: com todos os males provocados pelas situações destrutivas de uma relação, acreditar que ela é mais forte, dará as voltas necessárias e estará intacta.

jan 93

ELABORANDO UMA TRAMA

Pelo que apreendi da história de um amigo (seu apelido é "olhos de jabuticaba"), poderia melhor descrever a personagem (criada a partir dele mesmo) para depois aprimorar suas tensões internas e assim fazê-la agir em esferas de outras circunstâncias.

Minha personagem tem de ser boa. Isso porque assim eu a enxergo como viável, mesmo no mundo moderno (no que discordo da opinião de Saramago). Se na Antiguidade a sociedade era em si capaz de refletir e mudar de opinião a partir de uma simples colocação mais lúcida – de tipo "atire a primeira pedra" –, a sociedade moderna também o é.

Se você andar pela rodoviária, ou por uma reunião popular qualquer, receberá de volta a bondade que puder apresentar. O que transmitir de bom, receberá de volta. E não importa tão detalhadamente sua alimentação, seu sono: sua intenção é o que vale, a sua capacidade de alegrar e ser feliz o tempo todo.

Há muitos campos em que as pessoas estão de casca grossa. É o caso das centrais sindicais. Para se protegerem, não vão mesmo mudar de opinião apenas pelo fato de o patrão se mostrar com uma aura de bonzinho, de quem faz o melhor pelo bem dos outros... É preciso fatos, números. Mas o que eles querem é impossível, e sabem disso.

Começando pela arrumação necessária, há de se colocar regras seguras no relacionamento patrão-empregado. Antes de tudo agradecer e pedir desculpas por ser assim. Para arrumar o mundo à volta, é preciso arrumar a nossa casa: organizar a bagunça e desautorizar as iniciativas que foram tomadas de maneira disfarçada.

dez 91

AGORA VAI

Você pode pensar assim: o desenho gráfico é inverso ao de uma árvore, ou, mais precisamente, a partir de dois polos, os meridianos possíveis de um planeta, só que esticados...

Assim, se você quiser montar uma história, é bom se lembrar dos sete ou doze tempos em que se conta a história de Cristo, e por isso mesmo ler o que foi dito por "Ele". Saber que ele então fazia parte de um capítulo, outrora encerrado, e que a continuidade foi dada pelo seu irmão e pelas estrelas, dentro de uma história também finita.

Não é duro sacar a investigação psicológica que poderá ser feita pela ex-

-mulher com os escritos a serem confeccionados, sob o pretexto de observá-lo psiquicamente para policiá-lo, alegando precaução. Por isso mesmo, o código a ser realizado é dos mais simples: um livro a ser lido por quem o desejar, com fatos sutis, sugestões analógicas, metáforas.

dez 91

DOS MEUS PROJETOS LITERÁRIOS

O que dizer de uma autobiografia?

Nela estariam todas as memórias de infância e os sonhos que tenho anotado: eles só fazem sentido se amarrados a uma história. Às vezes penso que poderia ser sobre a minha vida universitária, mas ela não converge para o encontro amoroso, ou, pelo menos, o encontro amoroso só se dá fora dela, depois; ninguém poderia imaginar se e como ele se daria, então é melhor bolar primeiro uma trama.

Às vezes imagino que uma análise ajudaria. Brinco de autoanálise nesta pasta e em outras, como aquela que seria dedicada ao meu amor. Mas a vantagem de uma análise tradicional é poder acrescentar o pensamento maduro, que vem de fora: o do outro.

set 92

Deslizes psicológicos

DE ONDE VEM O MEDO

Ando tendo, de leve, aqueles pesadelos acordado, de pensar o que não quero, o que menos quero, consciente de que a vida é também um jogo mental (o que veio antes, o ovo ou a galinha?); e por isso desafio a minha delinquência a logo pensar positivo, no que é bom.

Digo que o ovo e a galinha vieram juntos, assim como o RNA e os ácidos ribonucleicos (ou algo assim), a tal história em que o fim interfere no começo. Cria-se um pensamento lógico de causa e efeito, uma geometria plana apenas para facilitar o raciocínio, dar ordem a ele, sabendo-se que há mais coisas por trás. O efeito interfere na causa, assim como a língua escrita na falada, assim como a mente na vida, a criatura no criador.

E por falar nos ácidos, foi realmente uma pena tudo o que aconteceu, as histórias terríveis da adolescência, servindo apenas para sentir que eram coisas talvez inevitáveis, e então aprendo que também podem ter sido inevitáveis certas histórias do nosso primeiro ano de namoro (relacionadas ao teatro). Eram desertos que eu tinha de atravessar, segundo meu guru, Claude.

jul 93

ROTINA DE CONFORTO E CONSCIÊNCIA POLÍTICA

Malas prontas, apenas esperar o minuto exato. Às vezes tenho vontade de só ficar arrumando a casa.

Passa pela rua, em frente ao portão, um operário idoso e percebo o quanto os problemas dele são mais reais que as minhas dúvidas, e estão de frente para a sobrevivência.

Se conseguirmos ser o mais honestos possível, dentro de nossos privilégios, poderemos acenar com a bandeira da lucidez, do "aqui também se luta por um mundo melhor e mais justo"; esqueceremos nossas mesquinharias e lutaremos por algo que se assemelhe ao bem (porque essa palavra está desgastada), ao mundo vivo, atento, inteligente, feliz.

E, no entanto, as coisas caminham, caminharam e caminham para isso: para ter guardadas as músicas mais próximas, para estar distante e ileso daquele mal a que me referi na noite passada, para estar tudo propício ao reinício, agora para valer, de uma vida feliz. As coisas que ainda faltam, eu prometo cumprir.

jul 93

TOCANDO A VIDA

Meio *à la* Schopenhauer, meio *à la* zen budismo, se conseguir sofrer menos já estará bom (pois não tenho quase nenhuma ambição, nenhum grande prazer em sair do meu sossego).

Nos tempos modernos, acho que não existe simbologia mais precisa para "inferno" do que o trânsito. Causa a sensação de que nada pode ser feito, que não depende em nada de você para que a situação se resolva, não se sabe quando vai terminar etc. etc.

(Andar de avião causa em mim uma sensação parecida. Não chega a ser assim, mas é desagradável também, e não vejo a hora de terminar a viagem.)

nov 18

EXISTIR É SOFRER?

Esta lucidez, esta possibilidade de uma existência serena... depõem juntas contra a hipótese de ter havido uma força propulsora apenas de sofrimentos.

Sou contra a ideia de que tudo o que fizemos e ainda faremos na vida só servirá para pagar o preço dela em moeda de sofrimento.

Sempre que possível aproveitaremos os bons exemplos de escritores que analisam o mundo de maneira mais lúcida.

jan 19

COMO SER FELIZ

Ouvi a reportagem simples, feita para o programa de domingo da emissora de maior audiência, em que se resumia um assunto dos mais importantes: fazem-se melhor as coisas quando se está alegre e feliz.

E a fórmula para estar feliz? A única dica sensata (dada por um holandês, ou algo assim) seria disfarçar a tristeza: quando não se está feliz, finge-se estar, e dessa maneira a felicidade vai sendo desenvolvida e ocupando terrenos, fazendo parte da rotina e vencendo.

jun 94

TEMPO QUE A TUDO TRANSFORMA

Deparei-me em novos escritos com uma frase de 2004, confusa (e um pouco boba, talvez) mas cruelmente verdadeira: "já não somos o que éramos e ainda nem chegamos àquilo que também deixaremos de ser".

ago 16

COMENTÁRIO LITERÁRIO

Ando lendo o livro de um professor da USP, compreendendo melhor a obra de Gregório de Matos etc. Às vezes tenho a sorte de pegar programas educativos na TV, especialmente na Cultura, melhor canal quando o assunto é língua ou literatura. Isso tudo serve para lembrar que não estou afastado (ao menos psicologicamente) da minha área. Mesmo esses exercícios de escrita não são de todo ruins; embora pequem pela falta de conteúdo, ando exercitando esse tipo de linguagem. Para escrever bem são importantes: ler; pensar; viver (sentir, trocar, comunicar).

fev 93

PONDERANDO SOBRE A GRAVIDADE DAS COISAS

As preocupações do dia a dia, materiais, ficam menores quando se as vê a certa distância. Vale agora a afetividade da vida comunitária. As crianças saberão se defender, pois seus anjos são mais fortes.

set 93

GENEROSIDADE NÃO É MOEDA DE TROCA

... colocarão nos braços de vocês uma boa medida, calcada, sacudida, transbordante... (Lucas 6:38)

Ensina a Bíblia que não se pode planejar tudo na vida, achando-se capaz de decidir algo a seu favor, porque, bem mais do que outra coisa, seremos julgados (se isso tudo for verdade) por critérios espirituais de bondade, ou generosidade. E não adianta querer (nem se conseguiria) ser bom interesseiramente.

dez 07

Afeto e produções próprias – como escoá-las?

AMAR OS FILHOS É INCONDICIONAL

O fato de meus pais se preocuparem em ser atenciosos comigo foi se mostrando menos relacionado à possibilidade de eu ser uma pessoa especial (talentosa etc.) e mais à de que os pais amam e se preocupam mesmo com seus filhos.

set 14

RITUAL (JÁ COMO FICÇÃO)

Estavam em torno
A uma bola de fogo
Quando se viu da floresta
A lua em ponta de flecha

A brecha (ou flecha) na testa é lugar onde se poderão acumular os conhecimentos, porém difícil será diferenciar o que lhe foi herdado, em meio a uma sociedade confusa, do que se pensa por méritos próprios.

Igualmente difícil é raciocinar sem estabelecer referências, distinguir o corpo dos alimentos na natureza, mostrar-se por pensamento trazido de um erudito que ao citá-lo não vá gabar-se de uma "cultura" e não se diga o saber vulgarizado pela necessidade de mostrar "algo" a "alguém" (o que logo será proposto nos estudos de linguística, que veem pensamento e saber apenas como linguagem em comunicação).

Em cílios de seu olhar
Há ondas do mar
E em franjas de seus cabelos
A nos molhar

jun 93

PUBLICAÇÃO DA JUVENTUDE

Lembro que no meu livro de poesia (reparei um cartaz convidando para o concurso, mas verifiquei que só seriam livros publicados a partir de 92) há uma história de 78, nos tempos de Arquitetura, misturando os desenhos dos *underground comics* com alguns estereótipos do linguajar acadêmico de lá, mais as minhas recém-adquiridas experiências com o sexo descompromissado (embora fosse o meu maior compromisso), e penso que, se houvesse uma história nessa sintonia (a fantasia era com algo fora de propósito, e agora que deu uma esfriada, vejo melhor), seria excitante.

mar 94

ABOUT "A ORIGEM"

Buscou-se ali combinar as crônicas (de reflexões, descrições) com alguns contos ficcionais – minhas pequenas narrativas, que na maioria dos casos são totalmente surrealistas.

(Já se disse que a busca desses bons sentimentos – reflexões e até lapidações espirituais – são propósitos da boa literatura, que se faz reconhecer por seus valores...)

out 17

ROMANCE E OUTROS

Traz personagens que às vezes tangenciam, ou mesmo protagonizam, a chamada História oficial.

(Nesta fase, estou cada vez mais entregue a um ceticismo que se aproxima apenas de certas filosofias: as que acabam por dizer que tudo é ilusão. Mas ao mesmo tempo é preciso *fazer* alguma coisa, e esse *fazer*, no meu caso, e no caso de pessoas com quem me identifico – o que volta a me lembrar das *poetas* mais próximas, na editora – é um *fazer poético*, o que para os entendidos da língua grega chega a parecer redundância: é um *tecer* a prosa, como se ela fosse poesia.)

out 17

Contradições em fazer análise

DIMINUIÇÃO DO TEMPO DEDICADO À ESCRITA

Confirma-se: o que me traz à escrita é a sobra de tempo. Não que se tenha algum assunto especial a desenvolver (eles aparecem na medida em que leio mais, e isso não tem acontecido), mas parece ser o simples ato de pensar olhando para a tela, registrando o que seja...

Não vou acreditar que a melhor oportunidade de comunicação por e-mails tenha diminuído a necessidade de escrever para mim mesmo, solitariamente; escrevo poucos e-mails, e dedico um tempo bem menor a fazer o que quero, quando quero.

E a análise? De fato, na análise eu falo tudo o que penso, e é muito mais cômodo do que montar frases lógicas, fluentes, com carga de verdade (sem a efemeridade do som que, não tendo registro, pode ser desmentido facilmente).

Enfim, vivo uma fase mais tola, mas de realização social: no almoço de ontem (com Cristina, mãe da Nora) me senti feliz porque pessoas com quem eu tinha pouco contato me fizeram festa, elogiaram, foram carinhosas, e me senti amado. Seria uma falsa impressão?

Minha namorada demonstra enorme amor por mim: conhecendo-me há oito meses e meio, continua interessada, disposta a ter filhos. Ter filhos não é uma coisa à toa: é entregar-se a uma pessoa para com ela procriar-se, o que para a maioria das mulheres só ocorre uma vez na vida (a escolha).

dez 02

SEGUINDO NA ANÁLISE

Já tive (como quase todo mundo) muitas experiências dolorosas, passando a sentir que nada vai me deixar totalmente tranquilo. Em resumo: não consigo sentir enormes prazeres (a não ser o sexual de determinadas situações, o de dormir bem com sonhos alegres, o de realizar e ver realizados trabalhos de maior apuro, e, principalmente – o que a psicóloga costuma me lembrar –, o de *conviver com meus filhos*, ou mais ainda, com minha filha, que é ainda pequena e, portanto, mais afetiva) com coisas do cotidiano, com festas etc. (a não ser quando nas festas é despertado o impulso sexual, mas como sei que raramente ele terá continuidade – ainda mais estando eu comprometido, e praticamente só indo a esses eventos com minha namorada –, torna-se algo rapidamente esquecido, ou tido como de menor importância).

dez 02

PRECISANDO APRIMORAR E TENDO BOAS REFERÊNCIAS PARA ISSO (MELHOR LETRAS QUE ARQUITETURA)

Já começo a sentir a influência de textos do mestrado na minha escrita. Isso pode dar uma dica: se eu passar a lidar só com textos bons, de escritores que realmente gosto, e escrever todos os dias, conseguirei virar escritor. Na verdade, deve ser o que realmente desejo, bem mais do que fazer projetos arquitetônicos (esses, também é necessário que os faça, parte pelo desafio, parte pela necessidade de resposta à sociedade sobre o que produzo, já que escrever é algo que todos podem fazer, e poucos distinguem um texto bom de um ruim).

E quanto à poesia? Elas (ou eles, os poemas) se dispersaram a um ponto que seria difícil resgatá-las, a não ser as letras de música. Posso partir para concretizar todos os meus ensaios, gravar mais CDs (um a cada dois anos), mas eles perderiam a qualidade (provavelmente) e não significariam mais uma arte impecável, porque deixariam de ter a casualidade dos primeiros. Algo assim: é uma arte mais fácil, quase popular, e não consigo tatear meu "violãozinho" achando que estou fazendo algo de espetacular (nem um pouco). A não ser, talvez, que estudasse música com seriedade: reencontrasse o antigo professor, aprendesse músicas novas (com seriedade, estudo), ampliasse enormemente meu repertório para poder criar com embasamento. Não consigo ser um grande conhecedor das músicas universais, mas gostaria.

Quanto à poesia, é o mesmo: eu precisaria *estudar muito*, coisa que já não faço. Mas está realmente em tempo. Como à pintura, dedicar-me na velhice à literatura e à poesia é perfeitamente factível, já que não exige grandes esforços físicos.

Fundar uma nova família, sem me afastar (nunca) das primeiras, deve ser o grande projeto, aliado à minha capacidade de realizar trabalhos, talvez especiais, a serem cada vez mais reconhecidos. E tudo isso, cuidando bem da saúde.

É o meu sonho, já não tão impossível de realizar (aliás, o vento sopra a favor). (Antes de sair daqui e brincar um pouco com desenho e arte, vou relembrar meus desejos de saúde, paz e alegria para pessoas e seres que amo.)

dez 02

EXERCÍCIO DA ESCRITA: DIMINUIÇÃO DOS ASSUNTOS

É uma pena que, havendo disponibilidade para escrever, não me venham assuntos ou desejos de expressão. As ilusões de um entusiasmo maior, andando lado a lado com resultados satisfatórios, já não me ocorrem como antigamente.

O pensamento já não sonda maiores novidades, porque mesmo aquelas em que detectei em mim uma possível originalidade, a capacidade de pensar e repensar o assunto, difícil foi, e ainda é, materializar-se publicamente.

Assim, é provável que realize ainda este ano as quatro obras, para então fugir do ócio por meios acadêmicos, mesmo que seja um sacrifício grande, e estar até sujeito a humilhações. Ou em vez disso poderei levar uma "vidinha" como a que venho levando, enquanto não me engajo de vez no estúdio (que logo terá o seu espaço).

mai 03

BOM MOMENTO E NOVO QUESTIONAMENTO DA ANÁLISE

Domingo de manhã (e vice-versa).

Eu sinto que *não podia estar melhor*. Podia, é verdade, estar produzindo algum trabalho criativo ou intelectual, mas essa *sensação de paz e conforto* está excelente.

Esta calma propicia reflexões (e pensamentos elevados, que agora não estou tendo, mas que vêm quase casualmente).

A primeira: a *análise está me satisfazendo*? O principal argumento da analista é que de lá para cá eu me organizei, formei-me, tenho uma namorada, começo a me profissionalizar. Cuido bem dos meus filhos, procuro me informar sobre os negócios etc.

Acontece que tudo isso pode ser consequência pura e simples do *grande passo de me formar pela segunda vez*. Além do que, não deixei de ter problemas, de cometer equívocos, que num momento melhor vou remediando.

Acordar cedo numa manhã de domingo, tranquilo, bem dormido, só *reforça a ideia de que o melhor é não me intoxicar*. Porque *ir a festas sem me inebriar não faz tanto sentido*, devo continuar evitando-as.

No mais: a probabilidade de me dedicar à literatura continua pequena, mas *não é impossível dar a volta por cima.*

jun 03

RELATIVIDADE QUANTO A UMA SESSÃO DE ANÁLISE TER SIDO "PRODUTIVA"

Reparo que muitas vezes eu não vi graça nem nada de especial e mesmo assim ouvi da profissional ter se tratado de uma sessão "produtiva".

jun 08

ANÁLISE: PARA QUE SERVE?

Hora da queixa: contra minha psicóloga, por ela dizer que estou bem (velho método para haver reconhecimento pelo paciente de ganhos obtidos com a análise), quando há *dez* dias tive a sensação de mal-estar súbito que me levou a passar o dia no hospital, há *três* tomei um porre em que espalhei vômito pela cama e pelo chão do quarto, quando estou com mau jeito na coluna, problema nos dentes etc. etc. e o pior, o desprezo das mulheres: nunca fui tão esnobado por elas; *cinco* anos de abandono não é algo simples, e quanto mais passa o tempo, piora tudo, então chego à conclusão de que a terapia não traz resultado. Não deve ser só por causa da idade que estou na minha pior fase com as mulheres (e vejo que o problema de elas serem esnobes começou dentro da família, há tempos).

ago 08

Origem deste livro

UMA EXPLICAÇÃO SOBRE A PARTE INICIAL

Traço primeiro um pequeno histórico de como todos esses escritos vieram parar aqui, meio embaralhados. Sem jeito para as máquinas, tive um primeiro computador, que durou quatro anos. Era um belíssimo Macintosh do tipo televisãozinha que minha irmã e o marido ajudaram a comprar, e por isso o guardei independentemente de estar ou não funcionando.

Veio um notebook comprado na Augusta, que quebrou em menos de um ano, e nada do que escrevi nele pôde ser salvo. No computador seguinte, colorido, um PC da IBM, aprendi a usar disquetes para não perder as coisas. Acompanhou o principal do meu mestrado, e quando voltei à faculdade de Arquitetura, precisei de outro mais potente.

Passei a ter dois computadores, um *desk* e um *lap*, e daí vieram também algumas confusões. Mas continuava a ter backups espalhados por diversos disquetes. Em 2003, um técnico de estúdio conseguiu recuperar cerca de 90% dos arquivos do meu primeiro computador, e também os salvou em disquetes.

Em 2004, comecei a recuperar dos disquetes tudo o que tinha e a organizar meus escritos ficcionais, classificando-os em tipos. Os do primeiro computador, pós-faculdade de Letras, eram os mais interessantes.

Salvei tudo em disquete no começo de 2005, e no fim daquele ano veio a perda total do computador em que trabalhava, com a mensagem "não entra no Windows". O técnico me prometeu salvar todos os arquivos antes de reformatar, mas ele não fez isso. Entregou um disquete com três arquivos em *Word* dizendo: "era tudo o que estava lá".

Foram-se todos os arquivos daquele ano, e nem tudo que era anterior fora salvo em disquete. Mas dali em diante tomei mais cuidado, e o plano de me dedicar à escrita começou a ser colocado em prática em 2011, após o doutorado.

Para dar o passo mais difícil, que era de publicar minhas ficções, foi preciso montar uma editora. Assim como os autores que publico, não consigo vender muito, então me solidarizo com eles.

fev 20

PASSO A PASSO NA ORGANIZAÇÃO DOS ESCRITOS

Por tudo que ainda tenho guardado, depois de perder outras tantas coisas por falta de segurança nas máquinas cibernéticas, chego à conclusão de que na juventude eu fui mesmo um escritor compulsivo. E isso vinha de antes, claro, dos muitos diários escritos a mão, primeiro aos 9 anos (já perdido), depois aos 10 (recentemente dei pela falta), aos 13 (guardei apenas uma página, pois era uma fase de brigas com meu irmão), 14 e 15 (tenho ainda), e outro menor aos 19 (talvez o tenha).

A isso se somam os registros das letras de música, a partir dos 14, que chegaram a 150 até eu ter 17 anos. Mais os "diários" (com desabafos) da época em que fui marginalizado de tudo, isso é, dos 20 aos 27 anos.

Finalmente, quando entrei na faculdade de Letras, passei a manter essas espécies de diários em máquinas de escrever, sobretudo para falar das lindas estudantes pelas quais me apaixonava.

(Até que, no fim de 1990, tive meu primeiro computador, e muitos dos livros que publiquei a partir de 2013 vieram dele. Mas estava tudo fácil e organizado? Não, nada disso... E perdi muita coisa também, lamentavelmente. Mas sigo até hoje – talvez pela última vez – nesse processo de aproveitar escritos antigos para transformá-los em livros.)

dez 04

Alguns exemplos

MÉTODO PRÓPRIO

Você lembra? Quando tinha de fazer os trabalhos de escola ia juntando todas as pequenas ideias displicentemente escritas num papel, e só na hora da execução, a poucos dias do prazo de entrega, redigia um bom texto e tirava notas boas, porque se não era o melhor método, intimamente era o que dava certo.

Talvez também seja assim o seu futuro método de escrever. Embora só visualize os grandes textos como escritos de uma levada, anotações à parte, um banco de dicas, sugestões, consultas, tem tudo a ver. Mesmo que sejam remendos, serão remendos de alto teor informativo, saltitando de pedra em pedra, pedras de informação densa e rara.

* Semântica (f.): estudo das mudanças ou translações sofridas, no tempo e no espaço, pela significação das palavras; semântica condensada.

nov 91

VERDADE INTERIOR

Com a ressaca se aprende a sofrer todo o desconforto interiormente, passando aos outros a impressão de que está tudo bem. Não está, e tal sofrimento causa humildade e medo, fazendo com que exteriormente sejamos cordiais e bons.

Dá o que pensar: as pessoas agressivas, estressadas, mal-humoradas estariam na verdade bem interiormente? Não é o que parece, e na simplificação da Paula se veria o contrário: *em estado de nervos aflorados a pessoa não raciocinaria bem.*

(A ressaca, o pior dela, sabe-se, é a tristeza profunda, o medo de que não se conseguirá mais sair da depressão nem fazer nada direito.)

fev 07

PÉ NA JACA É RECAIR NOS MESMOS ERROS

Talvez consiga localizar a angústia... Os "complexos" estariam em desacordo. Há um lado meu realmente sensível e responsável, mas há outro que é anarquista, que se quer *vulgar* como a maioria das pessoas.

Fico muito insatisfeito comigo quando desperdiço o dia inteiro, que poderia render em tantos projetos, sem ter feito quase nada simplesmente por ter bebido na noite anterior (pior, dei um tapa no baseado). Mal-estar e depressão me deixam bem desajustado, incompatível com minhas responsabilidades, principalmente a de pai.

Tudo bem, e pego carona no meu pai (que andou me perturbando sem ter culpa, no presente): deixo que os outros andem, façam coisas, fico só na minha própria recuperação – ainda posso fazer isso, mas é vergonhoso.

abr 07

DIFICULDADE EM PUBLICAR (E DIVULGAR CDS, ENQUANTO NÃO HAVIA EDITORA)

Ontem recebi e-mail da Cris, considerando que houve boa receptividade do Augusto, editor da Cosac Naify, em relação à *História da rainha*... Já aprendi a não criar expectativas, nem em relação à proposta de publicação, e muito menos à vendagem (o que equivaleria a sucesso).

Sim, tenho coisas mais sérias pela frente, desde a academia (principalmente ela), e assim por diante. É claro que se conseguir uma nova publicação ficarei ainda mais feliz. Os CDs, é verdade, podem ser mais criativos e envolventes, mas por enquanto são obras artesanais, sem o respaldo de uma empresa do ramo.

dez 04

RECONHECIMENTO PROFISSIONAL VEM DA AUTOESTIMA (SOBRE NÃO INVEJAR OS QUE SE DERAM BEM)

Hoje meus filhos estão grandes e sabem que, se meu trabalho de música e literatura não teve reconhecimento (de público e crítica), isso não tem a menor relação com falta de qualidade. No Brasil é patente: trabalhos de baixíssima qualidade acabam conseguindo maior público e divulgação na mídia do que trabalhos realmente honestos e bons.

O sucesso na carreira artística, principalmente, se deve a duas coisas simples: sorte e ter recebido muito amor e confiança dos pais na infância. Porque o gostar de si mesmo depende basicamente disso, de ter se sentido amado por outros ao longo da vida, o que normalmente é reflexo do que se sentiu na infância.

(E, claro, o sucesso na vida artística depende, sobretudo, do bom "QI", de quem já tenha atingido esse sucesso de mídia e etc.)

set 17

Colocando consciência no que digo

FORÇA DO HÁBITO

Eis-me às voltas com a condição ideal: depois de tomar café, a casa silenciosa. Não devo me cobrar por ter feito menos do que podia em literatura, o que importa é a qualidade. E ela vem do despojamento, da sensação de bem-estar espiritual, da terna consciência. Se existir terá sido uma só vez, não é essa uma pergunta que se faça.

Posso fazer uso do que já existe, consultando livros científicos: eis a oportunidade.

dez 04

ESCREVER POR ESCREVER?

É um pouco porque sinto sim essa necessidade de pontuar a vida e entender melhor o passado. Houve muitos casos de deficiência na memória causada por remédios.

Mas se faço tanto essa pontuação do tempo, penso se não seria também pela vontade de freá-lo.

mai 06

ILUSÃO DAS DROGAS

O distanciamento das relações por reflexões puras ajuda na compreensão. As falsas reflexões das drogas produzem mais estranhamento do que capacidade de distanciar e refletir.

ago 06

"JARDIM PARA FICAR"

Neste feriado demoro a levantar da cama, como não fazia há tempos. Quando era em Santo André (sul da Bahia), ou na Baleia, tinha a ver com sentir a natureza. Talvez seja assim na casa em que vou morar, com áreas de sol batendo. (E estava certo, como veria depois.)

set 06

HÁ MELHORAS QUANDO A CASA É ARRUMADA

Houve avanço: desenhos da Isabel, arquivo, pastas, diminuição de tralhas. Realmente, a casa fica melhor e deixo de pensar nas mulheres. É assim para todos: trabalham, envolvem-se no que estão fazendo, deixam de ter pensamentos inúteis. O *ócio, quando inútil, faz a pessoa sofrer suas "paixões": ciúme, raiva, inveja*. Quando dá sorte (merecida), sente-se o contrário: calma.

jan 07

SOBRE FAIXA ETÁRIA

Os jovens são bem mais ideológicos. Talvez por ignorância. Muitas vezes por atribuírem ignorância aos outros, achando que sabem mais.

Apegam-se a causas que para eles não têm meio termo: não se engajar ou acreditar nisso é por "caretice".

Temas como: aborto, legalização de drogas, indústrias poluidoras, realidade de mercado...

mar 07

ESPÉCIE DE CORRIDA PELA VIDA

Em tempo: quanto mais passa o tempo e nos acomodamos com o conforto de não trabalhar, outros vão trabalhando e nos ultrapassando. É verdade que uns sequer têm conforto e mesmo assim não trabalham, e pelo menos esses nós vamos deixando para trás.

ago 07

AS PESSOAS NÃO SÃO IGUAIS E DAÍ O DIREITO À SEPARAÇÃO

Pela questão central das impressões sobre o trabalho próprio e o do outro, sempre se tem a impressão (como é também nos meios de trabalho) de que se trabalha mais que o outro. E é isso exatamente o que inviabiliza a tese do casamento único, porque as pessoas se modificam com o tempo, e mesmo que as famílias escolhessem os casamentos de seus filhos, haveria muitos casos em que seria nítida a diferença de esforços pelo bem comum.

out 07

O QUE SE QUER DA VIDA

Há um possível equilíbrio entre a necessidade de companhia, o tempo que se queira dedicar puramente ao afeto (e quem mais o merece são as crianças pequenas) e o tempo que se queira trabalhar, produzir, criar.

As pessoas vão ficando mais velhas e conscientes da importância dessas companhias, principalmente familiares. Então ter filhos (ou mais filhos, num contexto particular) atende a esse planejamento; passa a ser estratégico e saudável.

out 07

Tentando me entender

EQUILÍBRIO E REALIZAÇÕES

Na juventude, amigos próximos observaram que minha produção tinha altos e baixos; só o equilíbrio emocional faria com que ela se mantivesse em nível mais alto.

set 09

COSTUME ANTI-CONSUMISTA

A recriminação que sofri na infância (aos meus desejos de ter uma guitarra, uma bicicleta a motor, uma moto) parece repercutir até hoje: sinto-me inconscientemente censurado ao trocar de carro, de TV, de telefone, ao comprar uma máquina fotográfica quando meu telefone ainda "quebra o galho".

nov 11

NECESSIDADE DE REINVENTAR

Mesmo as coisas bonitas que a gente faz (como um livro de poesia), depois de um tempo caem na desimportância. *É preciso estar sempre engajado em alguma coisa nova.*

set 12

ESTABILIZAÇÃO DO TEMPO

Reflexão: antigamente, o período de cinco anos representava muito mais do que hoje. Por exemplo, as transformações que vivi de 2006 pra cá são mínimas se comparadas às de 86 a 91. Entre 86 e 91, andei com os *punks* da USP, depois com amigos da banda *The pletz* e seus agregados, e finalmente com a mulher com quem vim a casar uma segunda vez. A dinâmica da vida era bem diferente em cada um desses subperíodos.

jul 11

AUTOANÁLISE SOBRE A NECESSIDADE DE SER BOM (CONCLUINDO-SE QUE "MUSA É TUDO")

Meu *repertório de símbolos* para mostrar que daqui para a frente começarei vida nova, me comportando melhor, com a devida seriedade e honestidade que a vida requer, *parece ter-se esgotado*.

Por exemplo: essa necessidade de *mostrar para mim mesmo que a vida merece mais de mim* – como talvez um trabalho social (isso porque me vi dedicando tempo a consertar o tal terceiro livro, dos contos românticos, que meu pai bem diria se tratar de uma bobagem qualquer – mas ele mesmo desperdiça muito do que poderia fazer de melhor –, pois vivo de renda, pago todas as contas e ainda gasto em tudo que tenho vontade, quando poderia ajudar mais pessoas e seres vivos em geral).

(Na verdade, o que me fez bem, de fato, foi o telefonema e a consequente troca de mensagens com A. *Alves*, esta sim uma relação que tem tudo para ser saudável e deslanchar, já que se baseia no trabalho conjunto, e nada mais *alegre*... Depois que me ligou, eu de fato melhorei – e tenho motivo: o primeiro livro! Temos!)

out 12

A FELICIDADE DE CADA UM

São coisas que não sabemos:

* Se pessoas boêmias, que se divertem em constantes confraternizações, são mais felizes que pessoas que se isolam e tentam se aprimorar, como monges (budistas ou beneditinos – uma velha comparação entre o dionisíaco e o apolíneo?);

* Nos casos em que uma pessoa sai machucada de um acidente, se: (1) houve intervenção maligna; (2) houve intervenção benigna para que a coisa não fosse pior; (3) houve os dois tipos de intervenção. E (4) se não houve nenhum dos dois (essa última hipótese é a que se adota no ateísmo, enquanto as três primeiras pertencem à religião ou ao esoterismo).

abr 13

TANTO TRABALHO PARA QUÊ?

Não existe explicação lógica para dizer que é preferível daqui a dez anos ter escrito dois ou três romances a ter conseguido manter relações com sete ou oito mulheres. Tenho canalizado meus esforços para a primeira opção (se tudo for uma questão de empreendimento do tempo), e de fato há a boa sensação de ter galgado os melhores degraus que podia imaginar, realizando essas subjetivas conquistas, que me dão muito moral...

Se isso diminuiu minha conquista de mulheres – partindo do pressuposto de que a grande conquista, de uma mulher que eu possa realmente amar, mostra-se mesmo improvável –, não se pode afirmar, e nem mesmo o contrário, que as mulheres se interessam mais por aqueles que têm a cabeça nas realizações profissionais. Na verdade, acho, elas se interessam por aqueles que possam protegê-las e bancá-las, mas isso também não é uma lógica evidente, porque, afinal, não fui o preferido de muitas delas, embora tivesse essas qualidades.

(Volta-se àquele teorema, questionado por mulheres que se acham donas da razão – como a Paula –, de que acima da lógica está a sorte. Outras vezes cheguei à conclusão de que o que mais atrai a companhia delas é a fama, coisa a que nunca soube me dedicar, introspectivo que sou.)

mai 13

Morada na Filosofia

TÉCNICA DE ESTUDO NO ÚLTIMO ANO DE DOUTORADO

Não basta ter CDF: é preciso fortalecer os músculos da coluna.

jan 11

FF LETRAS CH

Algumas pessoas das mais inteligentes que conheço fizeram e estão na Letras. Mas é uma faculdade sofrida, trabalhosa, pouquíssimo valorizada (quase nada), e paira sobre ela um ambiente depressivo, sombrio, pouco comunicativo.

ago 13

O MELHOR DA ESCOLA

Queremos acreditar que nossos filhos tenham conhecido um mundo possível e realizador, de trabalho, respeito, solidariedade, carinho etc., nesses anos de ensino fundamental e médio.

ago 13

PREFERÊNCIAS DE CADA UM

Não gosto do Cazuza (ou do Renato Russo). Mas nunca vou sair por aí me manifestando, declarando que não gosto dele, porque acho muito bom as pessoas se gostarem umas das outras, e que muitos gostem do Cazuza (ou do Renato Russo).
Acho que quanto mais as pessoas cultivarem dentro de si esse espírito "cri cri" em relação aos outros, mais o mundo vai demorar a melhorar em alguma coisa, por menor que seja.

jan 14

DEDUÇÕES FILOSÓFICAS

Dizem que o domingo é o *primeiro dia da semana*, mas não tenho dúvida de que faz parte do *fim de semana*.
– Se fulano fosse ao menos a metade do que se diz como músico, já veríamos nele um grande gênio...
Estaríamos diante, sem dúvida, de uma pessoa para a qual o país todo deveria se curvar, como artista de peso que de fato seria.

jan 10

VISITA A TEMPLO BUDISTA

A busca de conhecimento é fruto e ao mesmo tempo propulsora de crescimento espiritual. Fiquei muito lisonjeado, parecendo ter sido por iniciativa até mais deles, quando os funcionários do templo (budista) me deram toda aquela atenção.

fev 10

O QUE SE DÁ É O QUE SE RECEBE

Sou uma pessoa que perdoou muito, e talvez por isso tenha sido tão perdoado pelos outros (no caso da FAU, por exemplo, quem podia imaginar que a faculdade ainda me receberia de volta, e de maneira tão generosa?).

ago 09

ENSINAMENTO ALIMENTAR

Aprendi com minha avó que a causa mais comum de mau humor é a fome – e às vezes a pessoa nem percebe. Hoje vi que meu inconformismo pela repetição de alguns erros só melhorou depois de tomar café.

set 09

LIÇÃO DE VIDA

Depois de tantos tropeços, a questão agora é domesticar a mente e cuidar de fazer cada vez menos besteiras.

mar 16

O QUE VALE

Pode-se elaborar uma teoria de que a vida seja uma sucessão de aprendizados necessários à alma, e *cuidar da saúde* talvez seja o mais importante deles (havendo pequenas referências de apoio como a constatação pura e simples de que droga *não é bom*).

jan 17

Amor turvo

PAIXÕES COMPULSIVAS

Homens são programados para estar com mulheres, e sem elas, eles definham (a não ser que se acredite nessas lorotas de que os padres e gurus estão muito melhor do que nós, espiritualmente).

(Tento continuar escrevendo, e além das interrupções causadas por latidos, meu processo de estresse envolve agora o não funcionamento de internet, mais o sumiço do celular.)

Há essa coisa meio torta que não sei se nasci com ela, ou foi minha história de vida que levou a isso, mas o fato é que minhas paixões são compulsivas, e de fato não me interesso por outras mulheres quando tenho uma como ideal.

(Já tive, como nas últimas vezes, namoros em paralelo, mas que não tiveram grande sequência – embora eu tenha gostado muito de uma pessoa em especial.)

mar 17

DOR DA REJEIÇÃO

Agora não preciso pensar em nada do que dizer a ela, mas de uma conscientização – infelizmente, tenho de me apoiar nisso, ouvir meu *instinto de preservação,* pois, por mais adulto que esteja, sem nada a perder, e em fases mais maduras ainda possa me lembrar dessa história vivida ao lado da poeta com alguma graciosidade, estou sim *ferido, chorando muito e precisando do carinho de verdade de alguém que me ame.*

(Ao mesmo tempo, a vida continua, com seus *acordares e dormires,* dificuldades de sono e outros problemas de saúde, que cada vez se tornarão ainda mais prioritários em relação a pensar no porquê de um amor – que é verdadeiro – estar sendo rejeitado, e até desprezado.)

ago 17

JUSTIFICATIVA PARA ESCREVER SOBRE *ELA*

Há vida que pode ser profissional, amorosa etc.

A vida amorosa é algo que me instigou a vida toda: tenho memória de que da adolescência em diante (e possivelmente já antes disso) era o que mais tomava meus pensamentos. E quando isso foi confidenciado a um amigo de juventude (Marcelo), e dito da parte dele que se passava o mesmo, foi um grande passo para entender toda a humanidade.

A humanidade luta entre si e passa fome desde que os seres vivos existem, pois é apenas um desses ramos do mundo animal em que cada ente está separado em machos e fêmeas.

E não que eu queira entender dessas coisas...

dez 19

INCIDENTES NAS RUAS (MUNDO LOUCO)

Nessa minha liberdade de ficar a sós com as memórias, é claro que acabo egocêntrico e convencido, podendo me assustar com acontecimentos como os de hoje, em que duas vezes na rua respondi a provocações. Na primeira, não tinha total certeza se o carro que acabava de encostar no meu era o mesmo das buzinadas alucinadas de um minuto antes e chamei o cara de louco quando ele tentava se desculpar.

Na segunda, não tinha a mínima culpa, pelo contrário, a culpa era toda do débil mental na bicicleta, um rapaz de uns vinte anos, desses que acaba de deixar crescer o *cavanhaque* (e logo se enche de c*onhaque* para "azarar as mina"); eu dava seta para a direita, o trânsito começou a andar, ele tentou passar pelo lado errado, eu consegui brecar, evitando o acidente que ele ia causar. Depois ficou enviando sinais de palavrão, e respondi a todos, com ênfase.

mar 94

MACHISMO NO JUDÔ (ATO 1)

As artes marciais a que tenho levado meu filho, em algumas tardes, vêm dando o que pensar. Ler, lá, não é possível, eu até já tentei... Sair de carro não daria, é bem a hora do *rush*. Talvez desse para sincronizar com banco e compras...

(Será o motivo de meu nervosismo estar devendo dinheiro no banco até amanhã, cerca de cem dinheiros, e me deparar com luzes acesas e as duas TVs ligadas, sem que ninguém estivesse em casa?)

Acabo de ter uma ideia: estender os colchões em Mauá para treinar o tal rolamento.

abr 94

ATO 2: POR QUE RELEMBRAR DE DORES ADORMECIDAS? (SOBRE AMAR A ESPOSA)

O motivo do meu nervosismo pode ter sido o que escrevi de manhã e à tarde, trazendo à consciência o passado confuso de uma história que não deu certo. Só deu certo enquanto história, como todas dão: uma experiência de rejeição que não foi a primeira. Mas mais do que os foras de namoradas, as maiores rejeições sempre foram histórias que não chegaram a acontecer, e torci para que ao menos começassem.

A história que narrei, sobre a primeira namorada adulta, era uma história de sexo, a primeira da minha vida, e nesse sentido devo valorizar muito a pessoa (quando estava começando a desprezá-la). Com ela, comecei a trepar. *No mar dela eu velejei*, e não foram tantas pessoas assim. É talvez de um machismo extremo desprezar as pessoas com quem se fez amor.

O judô fortalece o machismo, o que por um lado pode ser necessário. Os adolescentes que fazem *jiu-jitsu* (aprendi a escrever) me fazem pensar, tentando adivinhar o mundo deles. É um mundo, sem dúvida, machista, que a mim não disfarça haver lá um caso de presença feminina. Eu já estava nervoso pouco antes de sair, por não ter outra escolha a não ser ficar observando os homens. Mas vale muito a pena pelo que está fortalecendo meu filho.

Há mulheres no mundo, e muitas são atraentes. Sabe-se, já amadurecido, que os envolvimentos com mulheres não são só prazer e calmaria. Eles envolvem também o conhecimento de um campo maior.

abr 94

Vida a dois e Arte

PROUST

Assistimos também a um trecho de Swann. Vi em cena o meu lado mais antigo, paranoico: a relutância; querer e trazer as encucações disso para o relacionamento. Tudo era grave. A alegria, quando havia, era muito mais marcante para ele, enquanto ela se vangloriava de sua espontaneidade. Pena que o filme era um pouco entediante, como também deve ser a obra de Proust.

out 92

VALOR DO TEATRO

Há uma coisa que poucos percebem em relação ao teatro: o teatro é cru, não tem como iludir o público pela mistificação física de uma personagem, porque é ela quem está ali, e não um perfil moldado e escolhido em seus ângulos como no cinema e nas fotografias de moda.

A atriz de teatro trabalha muito e deveria ser mais valorizada do que uma modelo, por exemplo. Mas no Brasil os valores estão invertidos; geralmente ganha mais quem trabalha menos, porque não podemos nos esquecer da influência política na arte. Mesmo no teatro, há o conhecido exemplo daquele que entra com o nome e consegue menos coisas na produção, mas é quem mais se beneficia dela. E por falar nos podres poderes, os diretores, sem exceção, bichas velhas, ludibriam atores e público até certo ponto. Contêm e disfarçam suas gafes, até se tornarem insuportáveis em suas próprias casas. Com a lábia mole, chegam a enganar atrizes; mas o tempo passa, e elas vão acordando.

nov 92

OUTRO LADO

Que me importa caírem as máscaras, não fui eu quem as colocou. Soube o tempo todo da falsa promessa dos outros; o que me vale é a minha verdade. Só me importa agora minha harmonia, minha e de meu amor, até onde ele alcança. Importa para mim meu filho, e minha namorada.

Teremos pressa, e logo ela sentirá que as outras coisas são meio chatas.

nov 92

QUASE CLARO

Como no filme, uma palavra vinda diretamente da pessoa amada (e, portanto, transparente) pode mostrar quanto é ilusória determinada ambição. No caso do filme, *O super trem,* e no meu, em que as músicas parecem corretas assim como estão, o termo "cristalizar" não serve apenas à maneira de interpretar dos atores, mas às vezes à própria maneira mais fácil de ser, ora voltada a práticas religiosas, ora a rituais domésticos, ora à alienação.

Talvez o "tr" de triste, trocar, entrar, expresse aquilo que a mulher oferece de mais caro e bonito, pelo intercâmbio duradouro afora.

Há ainda a diferença da palavra teatralizada em relação à interiorizada de um monge. No nosso trabalho ela se completa, adquire o contexto e a suavidade.

abr 93

FILME

Quando se inicia por um ritmo novo, a música inglesa surpreende. Passamos ao largo de um tipo experimental e notamos como era falho em seu esquema de show. O J. M., assim como o *Prumo,* fazia o gênero comportamentalista, comedido:

– Um filme que mostra a amizade de dois tiras, uma cumplicidade tipicamente masculina que às vezes falta aos que não se arriscam. Um filme engenhoso, mostrando os lados em disputa.

mai 93

TUDO É SEXO (JÁ DIZIA FREUD)

Só sexo parece ter sentido. Mas quando estamos fazendo coisas mais "dignas", parecem boçais os que só sabem falar de sexo.

Havia uma cena perfeita no filme *Por trás do muro*, mas que eu não via corretamente, por falhas no aparelho. A sexóloga já havia sido eleita como uma das melhores antes de produzir o filme, de que só vim a saber ao consultar um catálogo – e o catálogo em si já era um tanto excitante. É que servia de fundamento a outros dois de mesmo nome, que vi em sequência. O sexo bem mostrado, com gozo na ponta da língua, deve ter sido várias vezes ensaiado.

Citei um conto inventado por mim, imaginando que as pessoas convidadas a contracenar não se conformariam em não poder repetir *ad infinitum* a mesma atuação, principalmente com ela, que fazia aquilo tudo de maneira impecável, parecendo até mesmo sentir prazer – a se considerar por aquele ângulo.

jun 94

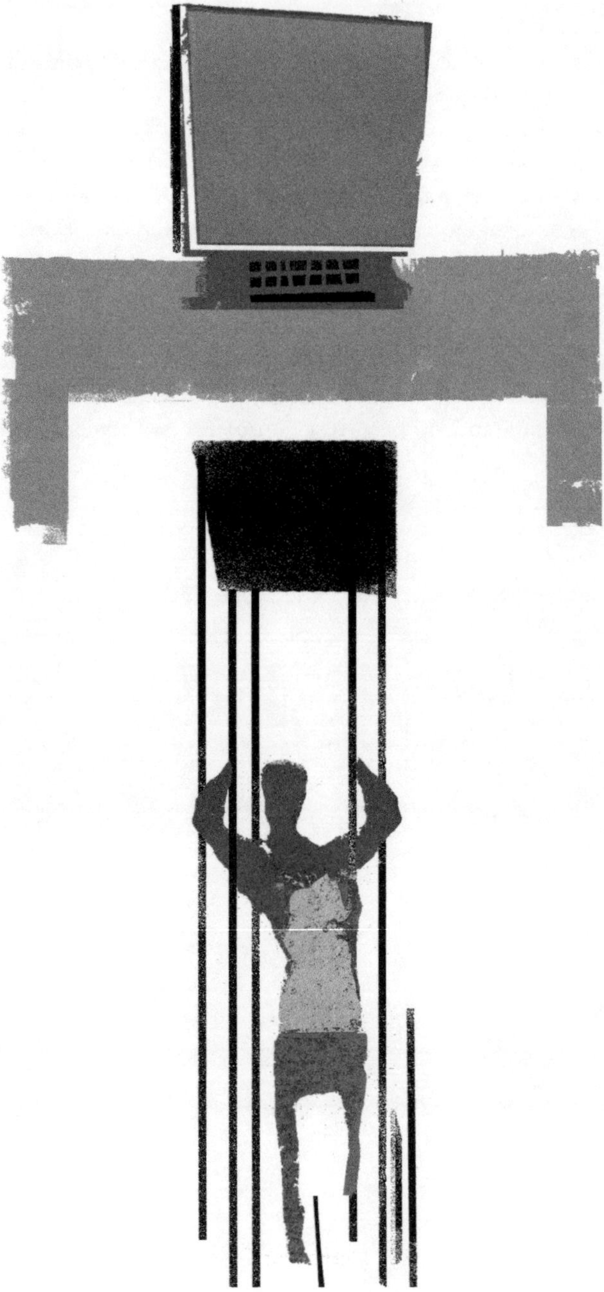

2 Sobre a língua portuguesa

Observando letras de música

POESIA E CIÊNCIA

Há frases que nos tocam mais pela sonoridade, e assim se encaixam bem numa música. Às vezes não dizem nada: não é como o discurso articulado de uma tese, em que primeiro se desenvolve a ideia para depois concluí-la. A boa letra de música (como poesia que é) deve temperar as duas coisas: expressar uma ideia "inteligente" e trazer boa sonoridade.

set 06

NA MÚSICA COMO NA LITERATURA

Mais uma reflexão ligada ao Marcelo, amigo guitarrista que conduziu meu primeiro CD, sobre o porquê de certas coisas (a exemplo de continuarmos a fazer música em banda). A resposta é:
– *Porque temos tempo.*
Isso ainda há de valer muito, em especial para mim.

jul 07

PENSAMENTO

Uma letra de música pode ser tanto melhor quanto mais se aproxima de uma reza íntima. Mesmo quando o foco é uma relação pessoal, humana, ela será mais profunda se houver a clara busca de um sentido espiritual.

Como a poesia, a letra segue agora um ritmo traçado pela intenção comunicativa. Quando se procura o máximo da expressão, isto é, qual o significado profundo daquela questão dentro da existência, a música (letra cantada) passa a ter um sentido de reza: agradece-se, pergunta-se, pede-se proteção e esclarecimentos (iluminações que levem à decisão correta para a questão levantada).

Não foi por acaso que identifiquei o ritmo e praticamente toda a métrica de uma letra do Hendrix com uma reza famosa dedicada a São Francisco. Ele pode nunca ter lido essa reza, pode em inglês a reza ter outra métrica, mas alguma intenção comunicativa dele se aproximava.

fev 10

PREFERÊNCIA PELA ESCRITA À MÚSICA

Mesmo com toda a simpatia e festa feita pelo Fernando (Salém), já me seduz ainda menos a carreira de músico. Talvez continue a fazer meus trabalhos, mas é um desafio mais promissor o de me dedicar à literatura. Enfim...

set 10

EM RESPOSTA AO QUE FOI DITO ACIMA

(Pouco depois, em 2012, já daria início ao meu trabalho seguinte, *Policarpo*, oitavo CD, o primeiro sem a participação do Giga. Preservava assim também esse lado, apesar da pouca repercussão, em pleno fim de doutorado. É assim até hoje.)

jan 20

Trabalho nas palavras

SER E NÃO SER (UMA PÉROLA)

As palavras são, quando bem ordenadas, constituintes da melhor comunicação. De tempos em tempos elas são estudadas, de forma sistemática, por pessoas apaixonadas.

abr 93

PREFÁCIO 1 (UMA SEGUNDA PÉROLA)

Dentre os movimentos escorregadios de folha em folha, destaco este *O ser em bagaço*.

Ensina a prudência que a razão está acima de qualquer suspeita, mas para se constituí-la (a razão) é preciso sentir. A razão é uma pedra, e o sentimento, uma gota d'água. É parte do intelecto resolver a necessidade dos sentidos, para que o organismo funcione melhor, e assim o pensamento (*"mente sã em corpo são"*...).

abr 93

SABER E ARTE

Luz do sol, céu azul... Dono do sim e do não, o homem reconhece estar diante da grandeza e pequenez natural de seu berço. Agora defino: arte pop e cultura erudita se distinguem, porque a segunda é determinada pelo ritmo de pesquisa, enquanto a primeira é gratuita na forma. Dirá o artista popular, orgulhoso:
– Mas eu nem sabia que Petrarca e Camões também haviam dito isso.

abr 93

Nossa língua

LÍNGUA E PAÍS (MINHA PÁTRIA É A FALA)

A incrível língua portuguesa soube nos pôr à vontade para, neste imenso território, fazermo-nos entender. A condição humana – de sexos e racionalidade – nos faria tomar de empréstimo das múltiplas civilizações a diversificação dos costumes, da fragmentação do nada às coisas enraizadas. Nem nos damos conta, mas a maioria de nós mesmos, pela constituição do ego – elo imprescindível à postura –, já viria de fora.

Não tenho medo, mas me cobro pelos prejuízos. O que mais estaria de acordo? Nem sei se digo o quanto a certos textos falta a ordem de um especialista: miniaturas, átomos mínimos os fariam melhor. Outro dia havia uma palavra totalmente grega na boca de alguém: autonomia = pela lei de si mesmo.

mar 93

FALAR BEM

A retórica segue regras de eloquência. E quando bem-feita, bem executada, torna o discurso contundente.

jun 93

SUBVERTENDO A GRAMÁTICA

É interessante que se force o nível cultural para cima. Daí minha defesa de que a gramática e a estilística aceitem as variantes mais usuais, mas mantendo as regras da boa literatura, em proteção ao culto. É importante que se defenda a literatura da vulgaridade das propagandas, dos jornalismos, das informações de consumo rápido e em massa, dos trocadilhos, frases de efeito e escritores de formação apenas colegial, por exemplo.

jun 93

CURIOSIDADE GRAMATICAL (BEIRANDO FICÇÃO)

Há substantivos que mudam de significado quando no plural: bem, bens; féria, férias. Há substantivos masculinos que terminam em a, geralmente nos morfemas de origem grega, -ema, -oma: estratagema, cinema. Muitos animais não têm flexão de gênero: diz-se onça macho, cobra macho.

As libélulas e mariposas, os serelepes, cavalos, camelos, gatos e pelicanos entram na categoria de bichos cujos nomes têm sempre alternadas vogais e consoantes. Consoante isso, lembro outras regrinhas gramaticais: nomes masculinos terminados em "a" são normalmente de origem grega, o que não é o caso de asteca, nem de celta, ou inca, ou croata. Dizem-se os parabéns, mas nunca o parabém.

Rato, barata, macaco, boto, são palavras de distribuição equitativa entre v. e c.

jul 93

SOBRE CONVENÇÕES DA ESCRITA

Fim de tarde, era a hora esperada. Algumas ideias, participadas aos alunos, eram dignas de anotação. A maneira de ler uma poesia modernista não é uniforme, como era a da poesia clássica e a da romântica. O observador já não pode estar parado, já não é sempre o mesmo, ideal teórico.

Ler da esquerda para a direita é mera convenção, mas que de tão sedimentada parece essência. Daí o extremo conservadorismo da literatura sacra em fazer crer que tal conhecimento, a maneira de expô-lo inclusive, é essência. Não é. Mas como ideologia tem seus fundamentos. A emoção migra. Já não é tão longa como antigamente, daí o aparecimento de poemas curtos.

ago 93

POESIA

De onde vem a poesia concreta? Os primeiros experimentos de se trabalhar a forma na poesia, diretamente com os tipos gráficos, são do poeta francês Estefânio Mallarmé. Poemas do tipo concretista também podem ser vistos em seu contemporâneo brasileiro, Gonçalves Dias. Vamos a ele.

> (Um raio
> Fulgura
> No espaço
> Esparso
> de luz;
> E trêmulo
> E puro
> Se aviva,
> S' esquiva,
> Rutila
> Seduz.)

jun 93

AS LÍNGUAS E A METALINGUÍSTICA

Sim, seria melhor diminuir essa distância entre as línguas falada e escrita. Porque, muitas vezes, inibe a comunicação dos que leem pouco, gerando um artificialismo de poder a favor do domínio gramatical. Algumas diretrizes sobre o uso dos pronomes já estão quase afogadas. No entanto, há as que ainda reprimem a oralidade como se ela fosse inferior à escrita.

set 93

Das curiosidades morfossintáticas

ANOTAÇÃO SOLITÁRIA

Foi num momento de consulta à gramática que me dei conta de que os verbos *ir* e *ser* são o mesmo quando conjugados em determinados pretéritos (e um futuro): eu fui, eu fora; se eu fosse, quando eu for.

Minha conclusão é a de que haveria um verbo "for", que ainda deixa marcas ao aparecer substituindo os verbos *ir* e *ser*.

out 90

OUTRA CURIOSIDADE (JÁ QUE TANTO SE DIZ "O" PERSONAGEM...)

A palavra "passagem" poderia pertencer ao gênero masculino, em oposição a "massagem", do gênero feminino. Isso se fossem levadas em conta outras palavras de gêneros diferentes, como "pai" e "mãe", "padre" e "madre", o "pão" e a "mão". E assim a fruta "mamão" seria feminina: "o papão", "a mamão" (já o tipo específico, "mamão-papaia" poderia ser neutro, desde que abertamente sugestivo ao não *fato* do que seria um *ato* falho).

mai 91

SUPERSTIÇÕES OU TALVEZ MÁS INFLUÊNCIAS

Vejo uma relação inconsciente no fato de ter sumido um trabalho de Linguística praticamente pronto (e por isso comecei a passar todos os outros arquivos para o papel, numa maneira também de limpar a tela dos escritos em prosa) e o de ter dado carona, na noite anterior, ao punk que já se declarou "terrorista" (no lugar do trabalho, a bomba: "*sorry*, erro de sistema"). O punk, que em outras épocas sabotou meu aprendizado e a própria organização interna, era aluno de Linguística, e daí a relação.

É como aquela vez em que voltava de um fim de semana feliz, estava muito bem, mas mesmo assim acabei bebendo – e com isso me fazendo mal. Depois relacionei a não ter percebido que em minha ausência os amigos da banda haviam zoneado o estúdio, deixando tudo exposto, álcool, cocaína, sujeira e bagunça nas fitas.

jun 91

CONVERSAS FILOSÓFICAS COM O VIZINHO

Lendo um nome igual ao dele, há alguns minutos, lembrei-me do encontro de ontem. Saí um pouco decepcionado. Ele quis contestar a tradução de *psiquê* como alma, pois acha que a noção grega de *psique* é diferente da nossa de alma. Não entende que Jung se apropriou da palavra grega "psiqué", que quer dizer "alma", para desenvolver sua teoria.

Também é daqueles que não se desnudam para começar a aprender uma coisa nova: está mais no barato de contestar um conhecimento do que no de entendê-lo.

Tudo bem: a teoria de Jung é extensa, mas não a única. Está mais sujeita a erros de interpretação do que uma gramática de língua clássica.

out 91

NOVA CURIOSIDADE GRAMATICAL (OU REFLEXÃO SUGESTIVA)

Agora falando de um assunto fútil, ou melhor, vazio... A expressão "pra caralho" condensa a qualidade e a quantidade de um mesmo evento. Por exemplo: "escrever pra caralho" significa que o indivíduo faz isso à exaustão, melhorando, pela quantidade, a sua qualidade.

dez 91

AINDA AS CURIOSIDADES

Já dissemos que os verbos "ir" e "ser" no pretérito perfeito têm a mesma conjugação. "Os idos" e "as idas" têm também um sentido próximo, embora em tempos diferentes.

Mas *A arte de amar em dó maior* só eu sei.

abr 92

ARTE E INTELECTUALIDADE

Não tem a ver querer tocar violão na faculdade de Letras. Aprendi muito nos últimos anos e agora sigo contente, observando se não é alternância da angústia a euforia. Não é. É com a lucidez que me movo. Ela empolga? Não. Incentiva.

abr 92

OUTRAS CURIOSIDADES GRAMATICAIS

"Vendo" pode ser forma de três verbos. O sufixo "assu" do tupi tem sentido idêntico ao do "aço" português, e a palavra "oca" é parecida com "oikos". São reincidências linguísticas, assim como há reincidências genéticas (de um mamífero que voa como ave, ou outro que nada como peixe).

A marca de plural "s" aparece em quase todas as línguas indo-europeias.

ago 93

Tentando ir mais longe

CONTRASTE ENTRE LINGUAGENS ESCRITAS

Procuro ajudar um amigo advogado (afundado nas drogas) e me deparo com aquela linguagem horrível que eles usam, e logo depois de ter preparado e-mails bonitos, até poéticos, para pessoas da editora e da Flip. De fato, esse pessoal da advocacia parece ainda *não ter saído da idade das pedras* em termos de linguagem. É lamentável e desgostosa a leitura desse tipo de texto.

(Principalmente quando se está dedicado a assuntos ligados a arte e literatura, a linguagem jurídica se mostra um tanto decepcionante. Ainda preciso desabafar outras coisas: em especial o tratamento que recebemos de advogados, como se o tempo deles fosse mais importante – quando na verdade estão sempre atrasados. Médicos e advogados muitas vezes são arrogantes, o que pode ter relação com o título de doutor que recebem de graça, para com ele se sentirem "os" importantes...)

jul 18

LÍNGUA E HISTÓRIA (PAÍS DE POUCA EDUCAÇÃO)

Pelo problema educacional brasileiro não é possível culpar esta ou aquela geração, nem excluir de nenhuma a participação no processo (embora a geração anterior à minha prefira colocar quase toda a culpa no AI-5, o que é também um direito).

A história portuguesa é tão nojenta, infestada de tantas crendices, superstições, pessimismos e baixos-astrais, que não temo pelo atual afastamento de algumas raízes culturais (será mesmo? estou seguro ao dizer isso?) nem da nossa linguagem colonial.

(Visto por outro aspecto, a situação é a seguinte: o aprendizado requer esforço, e como em geral muitos não se esforçam, passam a ser malvistos os detentores da cultura tradicional.)

Sou a favor de mudanças, do dinamismo intenso da língua (que no nosso caso é diferente daquele proposto – conservadoramente – por Saramago). Só não compreende a linguagem atual quem não fala com ninguém ou se afasta do povo (isto é: só não entende o povo quem dele se afasta).

nov 91

HONESTIDADE

Tudo que está escrito aqui (nesta parte do livro, especialmente), talvez não passe de uma "encheção de linguística".

set 16

MORFOLOGIAS QUE MAIS CONFUNDEM

Que absurda a maneira de escrever esta palavra *torácico*. Não vem de tórax? Não tenho certeza, mas parece que "extensão", com x, também viria de "estender", com s. Bem, e "viagem" com g, nem se fala...

out 19

MAIS CONTESTAÇÃO

(O acento em "alguém" é ridículo, assim com em "álbum". Na gramática deveria estar escrito: "palavras paroxítonas terminadas em 'um', 'uns' – ou seja, no caso das palavras 'álbum', 'álbuns' – há acento". Ou poderia ser: "as palavras 'álbum' e 'álbuns' são acentuadas".)

ago14

CARTILHA DOS SUPOSTOS ENTENDEDORES DE LINGUÍSTICA

Em pleno 2014 somos surpreendidos com uma nova proposta didática bancada pelo MEC, em que erros de português passam a ser considerados acertos, desde que comuniquem bem a ideia a um público específico (isto é, regional, ou mesmo de um gueto, pois se valoriza a "diversidade").

Tão logo vieram as respostas de alguns gramáticos importantes (como Evanildo Bechara, do setor de Lexicografia e Lexicologia da ABL: "... além disso, *nos regimes democráticos os governos não interferem na língua. Quem fez isso foi Mussolini*"), a ideia retornou ao seu local de origem.

nov 14

USO CORRETO DA LÍNGUA

Parece que agora vou apreender de uma vez por todas: diz-se "*de* manhã, à tarde e à noite" (hoje *à* tarde, voltou *à* tarde).

Isso porque *à noite* se opõe geralmente a *de manhã*, enquanto *de noite* se opõe geralmente a *de dia*. *Na noite* usa-se pouco.

Ainda preocupado com minha maneira de falar, tento decorar também: "não fui eu *que* inventei", "não fui eu *quem* inventou".

jul 13

BRINCADEIRAS COM PALAVRAS DE TRÊS LETRAS

No meu sétimo CD registrei duas letras de músicas compostas apenas com palavras de três letras (porque achava curioso que tantas delas fossem bonitas, como mar, sol, rio, lua...).

Meu bem, que mal lhe fez ser uma lua que não tem luz? (...)
Por ser num dia que não tem sol faz com que ame sem mal nem bem (...)
Ser que nem rio que vai pro mar

Há pouco, sem querer, verti para o inglês uma frase ("quem você é agora?") e deu:
– *Who are you now?*

ago 13

O TIPO DE LÓGICA LUSITANA

"Não fosse a falta que tu fazes em mim, e não farias falta alguma."

dez 13

Assunto extra língua: pra onde vai minha saúde

FUMO (1)

Solto da garganta a fumaça, esse vício (esse veículo) que se não é incontrolável, por demais me requisita (ou sou eu que o requisito?).
Existem coisas preciosas que se devem cultivar, e uma delas é o amor pela vida. A tranquilidade é um bem; a execução de tarefas domésticas, saudável.

jun 93

SOBRE FUMO (2)

Apesar de estar fumando um cigarro agora, considero esse um defeito grave. Os meus heróis não fumam, ou fumam bem pouco. Do outro lado, vigaristas fumam muito. Ontem vi um velho levando o bebê, seu bisneto, para passear. É um exemplo.

ago 93

FUMO (3)

Este é um momento raro, em que experimento o primeiro cigarro depois de três (quase quatro) dias de abstinência. *Sinto o aroma ainda misterioso que remete às primeiras impressões, da alta infância e adolescência.*

abr 99

INTRODUÇÃO AO FUMO

Fumar, beber, badalar deixa a pessoa mais emotiva, o que favorece as criações (surgimento de novas combinações) poéticas. Abster-se, correr, deixa a pessoa mais segura, e dura. Trabalhos intelectuais, quando passam a envolver só técnica e disposição física (e não uma criatividade propriamente dita), chegam a ser favorecidos pela abstinência. Já trabalhos sensitivos, de interpretação, ficam deixados de lado. Será que se eu voltasse a cair na gandaia, entregando-me de fato (sem restrições ao tabaco e sem o desejo de ir embora logo dos lugares), voltaria a criar mais?

A verdade é que, por causa das baladas, a soma das disfunções físicas e emocionais já me fez sentir ameaçado até na sobrevivência. Um cartum hoje da *Folha* (voltei a assiná-la, mas apenas aos fins de semana; volta e meia me deparo com opiniões revoltantemente retrógradas, inúteis ou destrutivas etc.; então me dou conta de que não passa mesmo de uma *imprensa marrom*, e que só desinformados tomam certas coisas como verdade) mostrou o lado "cagão" de quem nunca fumou. Por outro lado, pessoas que realmente me interessam, como a Daniela e a Isabela, recomendam que eu segure a onda.

Aliás, prejudicar minha saúde pelo que ainda possa criar artisticamente não tem me seduzido. Escrever um longo livro, se a fórmula fosse segura, é o que talvez me tentasse.

mar 03

FUMO E ESCRITOS COMO DIÁLOGO CONSIGO MESMO: QUESTÃO DO AFETO

Dei uma *puxada de rédea* firme no cigarro e hoje ataco de chiclete novo. Necessidade de me intoxicar? Ela é quase mensurável, principalmente quando me sinto explorado (ou prejudicado).

É pena ter deixado para lá o escrito de ontem, sem nem colocar referência. É claro que esses escritos sempre se mostraram pouco úteis: muito raramente os leio e tenho uma sensação melhor da minha psique, pelo *diálogo comigo mesmo*. Só.

Assuntos mais longos (os de sempre):

* Minha baita *dificuldade afetiva*, apesar de progressos enormes, ao estar

com os filhos;

* Atrair e me sentir atraído é um *vício*, quase, e a vida vai por muitos caminhos; a Bíblia tenta mostrar que as coisas são passageiras, e deve-se preparar um futuro melhor;
* Há uma luta contínua para que o cotidiano seja calmo e até prazeroso.

nov 99

SOBRE TRATAMENTO MÉDICO PARA PARAR DE FUMAR

Estou cada vez mais *confiante* na decisão de parar de fumar aos poucos, com a ajuda de remédios.

A ciência psiquiátrica, biológica que é, só trabalha com estatísticas, porque de exata mesmo não tem nada. Cada caso é ele mesmo. Propõe-se, eu diria, a controlar emoções, o que quer dizer domesticá-las. Acredito que tanto o artista quanto o intelectual precisam de emoções; um para ditar referências estéticas, morais, ou o que seja, e outro para julgá-las, tendo como campo a comunidade a seu alcance.

As emoções muitas vezes chegam a atrapalhar, quando se repetem apenas para lastimar a ordem das coisas, sem nada a propor em seu lugar (a não ser o que "caia do céu"). Outras, é verdade, são formidáveis, dando conforto e segurança para ir adiante.

Nesse sentido, a psiquiatria se assemelha, e muito, aos tratamentos alternativos, ora esotéricos, ora puramente supersticiosos, quando querem ser intuitivos, e mesmo àqueles pelo uso de drogas ilícitas etc.

O artista muitas vezes se queixa de não conseguir criar nada, achando que é por falta de emoção. Quando a psiquiatria pensa que pode domesticar as emoções, sabe que no máximo vai diminuí-las, e nós, talvez secretamente, sabemos que elas só são melhoradas pela razão, que é instrumento da consciência. Essa, sim, pode se desenvolver e dar apoio ao ser que sente, fazendo-o agir em coerência com sua proposta humanitária e biológica. Será?

mai 04

UM CIGARRO PARA RELAXAR

Com o cigarro, começo a querer achar que está tudo bem. Não está. Se estivesse, dormiria melhor.

abr 07

A MÁ EXPERIÊNCIA COM REMÉDIOS PSIQUIÁTRICOS

Essa questão do remédio é mesmo delicada. Senti uma coisa esquisita logo que experimentei, larguei e acabei voltando (o tryptanol tinha o outro problema, pessimamente vergonhoso, mas a travação sexual não era só do remédio); fui ludibriado pelo médico que não vê problema algum na pessoa se viciar.

Atualmente está evidente que o remédio não pode ser retirado sem um piora significativa da qualidade do sono (e de vida), não porque antes dele era sempre assim, mas porque a não reposição da dose em que me viciou perturba muito mais as coisas. Marcar outra consulta? Acho que não.

nov 07

EXPERIMENTANDO VIVER SEM REMÉDIOS

Talvez tenha a ver com a abstinência do remédio: percebi meu raciocínio bem mais afiado nessas últimas duas noites, como agora também está. Os nervos ficam à flor da pele, mas nessa nova fase – de doutorado recém-terminado, sem nicotina e com namorada – está se mostrando valer muito a pena a independência do remédio.

out 11

PROCURANDO SOCORRO

Os remédios tentam ajudar em algo que, na verdade, acho que depende muito mais da sorte. E que se a natureza fez assim, não há como lutar contra:

* Há altos e baixos na autoestima; no vídeo indicado por um amigo, diz-se que existiria uma chave de amor próprio capaz de nos tornar imunes a doenças e tudo o mais, mas como ligá-la? E deixá-la assim para sempre?

* Uma maneira é esta, a técnica psiquiátrica do antidepressivo. Mas o antidepressivo substitui em apenas uma fração mínima o que a sorte garantiria, que é o mais importante para mim: ter o amor correspondido. Acho que a partir do amor correspondido tudo se faz bem e produz, e a generosidade expande-se por si (e somos programados para procurar alguém *melhor* do que nós; às vezes, nesse "melhor" há algo de específico em que sentimos ter deficiência – por exemplo, uma pessoa tímida admira as que são extrovertidas).

ago 17

Insônia e barulhos que atrapalham a vida (também uma questão de saúde)

NOITE MAL DORMIDA (BEM ANTES DE HAVER CACHORROS BARULHENTOS NAS CASAS VIZINHAS)

Acordar com barulho, no meio da noite, quase sempre provoca uma reação química que me impede de dormir de novo. É uma insônia terrível, porque fico extremamente sonolento e sem dormir. Depois do desconforto (é como se estivesse amarrado à cama), com o pensamento a mil (tendendo a rancores), eu procuro um pretexto para me levantar.

Pegar o violão em hora inesperada às vezes dá bom resultado. Não sou um instrumentista especial, nem as minhas composições têm qualidade acima do esperado, mas acho que, como para todos, a música e o canto fluem na hora certa.

Agora é hora de baixar a bola, admitir não ter tido coragem ainda de sair de casa. Logo vou dormir novamente.

jul 00

PROBLEMA DA INSÔNIA

As maiores insônias são de fato desagradáveis, quando um ruído qualquer é causa de não se deixar relaxar nos pensamentos, trazendo de volta uma preocupação que não vai mesmo ser resolvida naquela hora. Pode-se até preparar a ação, mas chega um momento em que já não há novos planos ou argumentos, e fica-se "martelando" uma mesma ideia sobre como agir.

mai 04

INIMIGOS DO RACIOCÍNIO E DA INSPIRAÇÃO

Aqui, quando se está mais concentrado, é preciso interromper e esperar o cessar dos latidos, sendo que nem sempre é possível recuperar as ideias.

abr 10

IDEM

O inimigo do trabalho intelectual é o cachorro do vizinho que não para de latir.

ago 10

LATIDOS INFERNAIS

Por que é tão absurdo (chega a ser ridículo) quando começamos a escrever e somos incomodados por barulhos desagradáveis (de telefone, campainha, mas principalmente, no meu caso, por latidos de cachorros)?

E num aspecto, escrever é parecido com lembrar de sonhos. Se a ideia não é explicitada rapidamente ao acordar, ela se perde. Escreve-se tentando acompanhar e acomodar o pensamento, que é mais rápido, enquanto as livres associações vão se sucedendo, algumas mais criativas (geralmente as primeiras, que não se perdem quando há tempo de registrá-las).

Também a lembrança do sonho é assim. Enquanto estamos no próprio sonho, todas as associações são inteligíveis, muitas vezes até claras, mas vão se confundindo *à medida que retomamos o estado racional*.

(Por exemplo: neste momento recomeçaram os latidos e já não lembro por onde ia seguir.)

mar 11

COTIDIANO: OS ESTUDOS ÀS VEZES PRECISAM CEDER

Sei que agora estou mais tranquilo, bem mais, depois de uma noite dormida e sonhada. Pensamentos puderam ser deixados de lado pra que eu simplesmente dormisse. Não tenho a liberdade de estudar porque hoje será o primeiro ensaio (dentro de uma hora e meia), amanhã a reunião no Rio, e enfim, os estudos sempre cederam um pouco aos truncamentos, que serão cada vez menores.

jan 09

Dificuldades que são só minhas

IDA À EUROPA? (SOBRE NÃO GOSTAR DE VIAJAR)

Percebo que até para uma viagem simples eu não relaxo. E se for ver, no ano passado também foi assim: tudo muito tranquilo e conhecido, mas *até a véspera me deu certo nervoso*. Por isso é importante, já que pretendo mesmo *honrar a oportunidade de cursar doutorado*, aprender que viajar não é assim tão diferente de estar em casa. Ou é? Como farei para ter minhas roupas limpas? E para me alimentar? Bem, já passei por coisas parecidas, e não foi tão complicado.

jul 08

NÃO ME SEDUZEM AS GRANDES VIAGENS

Não faço viagens longas porque passar pelo evento específico da vivência no estrangeiro não me impressiona, deslumbra ou seduz. Pelo contrário, minhas últimas estadias em propriedades da família no último verão, e agora no inverno, deixaram-me feliz o suficiente para continuar minhas produções. Pude trabalhar muito e ao mesmo tempo viver bem, exercitar-me, cuidar da saúde.

(Mais interessante que tudo é a viagem no tempo proporcionada pela leitura desses documentos – uma visita ao passado).

jul 11

REGISTRO DE UM TEMPO SOFRIDO (POR AUTORREPREENSÃO)

Desde que a palavra passou a ser escrita, notamos uma tendência à acomodação do ser. Ler é fixar o pensamento em alguma ideia do passado, é voltar no tempo, em detrimento da vivacidade.

Explico-me assim por que a frase de uma colega, "não fazer sexo deprime", ainda não foi substituída por outra de melhor efeito em relação à sexualidade e ao meu passado. A ausência dela, pessoa amada, era uma coisa que podia tanto ser superada como não, de dia em dia, e os dias foram se passando, naquele fatídico ano de 77, sem que ela voltasse.

Mesmo os sentimentos que eu possa ter agora, provavelmente não diferem daqueles. De um lado a humildade em *não querer culpar uma mulher, ser ausente de si, autônomo, com sentimentos e obsessões*, por aquilo que está defeituoso na funcionalidade do próprio ser, ou seja, *a felicidade que leva ao melhor desempenho não depende de alguém ou de alguma coisa*, está sempre dentro, podendo ser trabalhada. Então viria *a culpa por não ser feliz, as consequências nocivas do não me ajustar à solidão*.

Por outro lado, querer culpar é querer intervir, mas há também a consciência do atraso que representa a briga sem causa. É o mesmo que odiar, querer quebrar o outro, quando se sabe que *o que se almeja é justamente uma gostosa harmonia*. É a tal permissividade da "guerra santa" que faz desmoronar, por desmoralizar, qualquer religião.

set 93

Fatos irreversíveis da vida pessoal

PIORES MOMENTOS

Tenho boas recordações do Gigante, e justamente por isso talvez não precisasse ter olhado o corpo, apesar de que era, sim, homenagem ao trabalho da Renata, que o vestiu e o decorou pelo que representava, isto é, ela (ou quem a ajudou) preparou uma despedida digna. Mas me fez mal olhar, talvez por até já saber que estaria cansado no outro dia...

Realmente, esse costume de ver tem de ser tomado de modo mais livre: dizer que faz bem é como dizer que a dor faz bem.

set 08

SEXO E ALIMENTAÇÃO

Tenho a nítida impressão de que o que matou meu amigo guitarrista foi a carência sexual. Pode ser verdade que no fundo todas as mortes comecem por um problema sexual, que abrange também a chamada fome, ou carência de alimentos. Por isso se diz: "tentação da carne", como se trepar e ser carnívoro fossem a mesma coisa. Por isso é óbvio, no português e em outras línguas (como no árabe, ouvi dizer) se dizer "comer" uma mulher.

set 08

PESADELO NA NOITE DE ANIVERSÁRIO

Houve um sonho medonho bem na noite de aniversário. Se acordei às quatro, ou até antes, foi próximo à hora em que nasci, mas isso não tem a ver: a volta ao redor do Sol não é em dias exatos, e assim a cada ano a hora do nascimento equivale a outra.

No jogo de paciência, dois números em evidência: 4 e 10, dia e mês de meu aniversário.

out 08

DIMINUINDO A IMPORTÂNCIA DE ANOTAR SONHOS

Realmente, não consigo lembrar (deixando de dar tanta importância ao sonho, isto é, não fazendo esforço exagerado para colecionar essas imagens do inconsciente, pois não acredito que esteja aí, ou que seja por aí que se vá resolver o cerne das minhas questões, principalmente afetivas).

O que noto facilmente, e é de grande interesse, é o relaxamento proporcionado pelo sono tranquilo, ou mais tranquilo, por aqui, já que não há nenhum estresse maior à vista...

jan 09

Nova arte e uma vida cada vez melhor

O DITO FIM

Hoje era a tal manhã divulgada pela mídia como aquela para a qual se previa o fim do mundo, na interpretação de Nostradamus. A lembrança de uma música do Dussek, ontem, alegrou-me um pouco mais, já que o meu temor nunca passou de muito pequeno.

Achei uma pena, no entanto, que o término dos meus chicletes coincidisse com esse dia de apreensão coletiva, mesmo que relativa. Eu já sabia que voltaria a fumar no dia em que não estivesse mais de posse desses chicletes, e o melhor que pude fazer foi encomendar mais, sabendo que a entrega é demorada

ago 99

FINDO MUNDO

Assunto ainda mais complexo me ocorre ao perceber as elucubrações divulgadas na mídia acerca de uma suposta *disposição em cruz dos corpos celestes* neste dia em que ocorre eclipse no Hemisfério Norte. Relaciona-se a todo o meu delírio de visualização de uma enchente, cuja solução estaria no uso das calotas polares para refletir a luz solar.

Eram delírios inconsequentes, mas reluto em abandonar ideias tão sentidas na minha psicose passada. Em meio a abstrações de grandeza cósmica, vieram à tona imagens *marcadamente* cristãs, relacionadas ao Cruzeiro do Sul, e a eras históricas cientificamente demarcadas com a vinda do filho de Deus.

Só espero não estar patinando sobre as mesmas ideias fixas e inconsequentes na hora em que vier a estruturar essas memórias.

ago 99

SOBRE UMA MÚSICA QUE ACABEI GRAVANDO

Ontem e hoje fiquei mais pensativo em relação à música do Hendrix. Ela é de um sentimento pessimista, próximo ao de muitas músicas da atualidade, que falam em violência. Em resumo, é meio baixo-astral, ou, como diria o César, tem o potencial de atrair energias confusas (termo inclusive citado nela, e em outras do tipo). Talvez não seja uma boa gravá-la – o próprio Gigante flagrou momentos de desatenção minha –, mas como está sendo ensaiada, devo tentar alguma mudança de letra. Que tal incluir o Fernando Pessoa?

Isso faz pensar. *O próprio Pessoa, maior mestre da poesia, demonstra a inquietação que chegou a abalar seu físico. Sua arte é de uma precisão genial, mas tem de ser compensada por textos amenos, que falam em leveza.* No futuro, talvez nem se necessite de reflexões sobre a tormenta. Assim vejo a humanidade.

jan 00

DIFERENÇA ENTRE OS GÊNEROS

Sinto que as mulheres são mais vulneráveis à confusão entre psicológico e realidade. É claro que a marca pessoal, a personalidade e a própria afetividade se fazem presentes em todos os atos, mas numa prova acadêmica, por exemplo, quanto mais formal, e menos pessoal, melhor.

jan 01

HOMENS E MULHERES – DIFERENÇAS EXPLORADAS PELO MACHISMO

Certa vez um psicanalista meio badalado comparou as mulheres a adolescentes: a voz fina (aguda), a beleza mais alegre, a docilidade e mesmo as confusões hormonais seriam comuns entre elas e o homem ainda em fase de amadurecimento.

As mulheres acham que com elas no poder o mundo seria mais pacífico. Uma ova. Os homens são assim combativos e desafiadores entre si principalmente quando não podem se saciar de orgasmos. Produzem milhões e milhões de espermatozoides e têm poucas oportunidades de ejaculá-los satisfatoriamente, ou seja, no alvo certo, a mulher sedenta de sexo. Poucas mulheres o são.

ago 06

FALTA DE ILUSTRAÇÃO

Quanta bobagem ouvi ali, de pessoas que se acham muito informadas e capazes de raciocinar, mas são as mesmas expressões supérfluas de sempre. De lá, eu pouparia de tal crítica só alguns, e há muito a se debater para mostrar que o horizonte é mais distante, que o mecanismo das civilizações é mais complexo, e a condição de privilégio não é natural, inerente ao ser, mas construída por antepassados e contemporâneos que agiram e agem com mais prudência e objetividade.

mar 01

DIREITOS E DEVERES

Deveria haver equivalência de tamanho entre os campos do direito e da responsabilidade. Nesta casa, falta equilíbrio – é o que sinto. Tenho muitas responsabilidades e poucos direitos, enquanto outros têm o contrário, pois é da personalidade deles estarem sempre instituindo como direitos "certas coisas erradas". Já se tomarmos como campo a sociedade em geral, *a balança penderia para o outro lado, pois minha liberdade de consumo é relativamente enorme* (mesmo que gastar dinheiro não me dê nenhum prazer especial, contabilize-se a minha sobrevivência e estará bem acima do preço médio).

jan 00

ROTINA DE ARTISTA

Desenhar minha HQ neste momento parece mais justo que dedicar-me à escola. É um trabalho terapêutico, como escrever sem compromisso. É típico do ócio, mas um ócio bem aproveitado. Poucos dedicariam tantas horas à própria produção.

Mas é assim que produzo minha arte. Aqui e ali, toco violão, escrevo, tenho sempre o que fazer. Quando fico matando tempo, como ontem, é por cansaço ou desânimo.

mai 00

EGOCENTRISMO NATURAL

Às vezes temos a tentação de achar que os problemas alheios já foram vividos por nós, ou ainda, quando em família, que é uma variação de coisas que tivemos de passar. No máximo da fantasia egocêntrica, de que somos culpados pelo que acontece às pessoas à nossa volta.

Se para as crianças esse problema é maior, só nos resta orientá-las para que não acreditem nisso.

jan 01

O QUE REALMENTE IMPORTA

Fim de semestre e de ano, com muitas coisas boas a comemorar. Ontem fiz a prometida reunião de amigos, cujo pretexto inicial era o título de campeão brasileiro.

Às vezes me preocupa quando lembro que no Réveillon, em tom de piada, eu desejei esse título. Prefiro acreditar que era mais adivinhação do que o merecimento de realizar um desejo tão complicado, como se fosse das coisas realmente importantes pra mim. As coisas mais importantes são, serão sempre, a saúde – dos filhos, sobrinhos, minha, das minhas irmãs, dos meus pais, avó etc. – de toda a família e das pessoas que gosto, principalmente, mas em última instância, de todos os seres vivos; e depois a realização profissional, o amor etc.

dez 02

PRAZER EM ERRAR

Só é bom não começar a achar que até os erros são motivo de orgulho e comemoração. Existe o aspecto prazeroso de um erro, confidenciado à pessoa certa, mas não pode ser considerada uma questão resolvida, indeterminadamente. Por enquanto, está tudo bem, vou suportando tranquilo as pressões psicológicas decorrentes. Não sei até quando. E se for um erro maior que o calculado, alguma hora vou sofrer as consequências. Está difícil abrir mão disso, porque em muitas horas se transforma em objetivo. Mas posso ficar calmo e até sonhar que está tudo bem. E que é um grande prazer...

dez 02

Algumas notas ligadas a afeto

AMOR

(Depois de *A origem do amor*, cheguei a pensar em um livro de crônicas de título bastante irônico: *Viagem ao mar*. E poderia começar pelo texto que se segue.)

Será melhor quando sentir o sabor de uma estrada rumo à praia, podendo curtir o vento, a paisagem... Agora me vem aquela fantasia: verifico na carteira se há alguma ficha telefônica; deixa estar, convido-a a também visitar minha casa, assistir ao jogo. É, não há nada explícito, mas tudo está sendo conversado; gosto da minha parceira, e *não será pela verificação de diferenças que desistiremos um do outro*, nem isso se acomodaria como uma luva para eu querer usufruir de novas experiências. Sei muito bem que se estivesse sozinho me desesperaria, o que faria com que nenhuma mulher me desse trela, olhasse e, enfim, preciso ver as coisas mais claramente.

Haveria vantagens (se eu não tivesse tanta responsabilidade) que poderiam ser mais bem aproveitadas: digo, as financeiras. Por outro lado, seria difícil que outra mulher me amasse da mesma maneira, ou que no mínimo tentasse ser totalmente fiel; enfim (de novo), não há razão para me precipitar.

mai 94

LUZ E AMOR 2

Já se pode ter ouvido da boca de algum guru menos conhecido:
– Dar amor sincero é não exigir. Os que praticam a mentira se acorrentam. É melhor a luz.

set 95

COMPOSIÇÕES

Ai, que saudade da minha musa!

Quando acordo, chego a desconfiar de minha capacidade poética. É que estava com uma melodia na cabeça, vinda do sonho, como memória de uma tentativa antiga de compor. Para não a esquecer, tratei de fazer versos, que ficaram pobres.

Algo assim: *"você vem de onde/ chega e está/ sem se mover"*. Mais tarde (depois da frustração por perder um registro da manhã, por desatenção, e logo ao sair da reunião familiar em que me senti pequeno e solitário), reagi ao ouvir a fita com gravações originais das músicas que pretendo traduzir, retomando um pouco a minha capacidade de *escolher bem as palavras*.

ago 99

NECESSIDADE DE CONQUISTAR MULHERES

Sem maiores ilusões nas questões amorosas (a gente nasce com o impulso de querer conquistar mais e mais mulheres, e, embora a razão nos leve a ter objetivos bem definidos – *a conquista específica de uma mulher em especial, que nos dê segurança pela identificação e lealdade, fidelidade e que, de preferência, agrade aos olhos, mãos etc.* – nunca deixa de haver graça na emoção de se ver atraído por cada uma, e ainda mais quando "rola um clima"), preciso resolver questões muito práticas...

dez 99

SOBRE DUAS DE MINHAS MAIORES HISTÓRIAS DE AMOR, COINCIDENTEMENTE NA MESMA RUA

Será que eu nunca tinha me tocado de que a casa em que morei no Pacaembu era na mesma rua, há menos de um quarteirão, da casa onde morava a primeira namorada, quando tive toda aquela triste e feliz história (mais para triste, pelo final infeliz, de derrota; feliz pelas primeiras conquistas da vida adulta, pela ilusão de que podia ser amado, em alguns momentos)?

O sentimento pela segunda esposa guarda semelhança com o que tinha pela jovem colega de USP, mas as características contextuais são mesmo diferentes. Isso pode significar amadurecimento, mas a angústia da *rejeição por parte da pessoa amada* é do mesmo tipo. Talvez seja ainda a continuação daquela história *criada por mim*, atuando em projeção nos outros.

O começo de uma análise tem me trazido memórias de infância, talvez reveladoras. Quero apenas cuidar bem da minha filha, para que ela entenda com clareza o seu processo inconsciente, e possa se amar, e me amar, melhor do que eu soube fazer.

mar 01

Com toda desilusão

PENSAR A VIDA É MAIOR DO QUE ESTAR RESSENTIDO COM A REJEIÇÃO (O QUE É FÁCIL FALAR QUANDO NÃO SE ESTÁ TÃO ABALADO)

Mesmo que o sentimento pudesse ser canalizado à expressão poética, não tiraria o abismo que há entre ele e o pensar. Por palavras, racionalmente, é possível descrever o que se sente, o que pode no máximo ser comparado ao que o leitor já sentiu.

De incrível, extraordinário, é eu estar assim, meses depois de perceber que me apaixonaria por uma jovem "gazela", de receber um "não" seguido de outros "nãos"; é ficar pensativo desde ontem, sem ter o que falar para ninguém, sem saber o que quero, achar o maior desperdício estar saudável depois do banho e do café, em um lindo dia em que pegarei estrada para visitar a casa de Mauá; é não achar graça nas coisas, mesmo sabendo que tenho uma linda filha, um filho bom e talentoso; não estar simplesmente aceitando a beleza da vida e o fato de que tal pessoa não me merece, simplesmente porque não me quer.

jul 06

AINDA O PENSAR SOBRE O SENTIR – EXPLICAÇÃO PSICANALÍTICA PARA A REJEIÇÃO

Tento aproveitar as palavras do amigo para sentir o que penso. Ou para falar do que não sei.

O porquê da rejeição, bem, deve ser encontrado no tipo de relação que havia no lar: o pai superautoritário, mal falado pelas mulheres da casa (talvez a menor não se desse conta, superprotegida que era).

A postura a tomar: nenhuma; nada vai mudar o que já está confuso. Nem limpar a área de vez, superando o problema em definitivo, nem piorar ainda mais (teria como?). Há apenas a terrível sensação de quem está sendo rejeitado.

jul 06

MULHERES...

Queria saber analisar por aquele ponto de vista. Para elas, tudo é confuso. Nada diz qual é o rumo certo. Gostam de homens que possam subjugar, mas perdem a graça que veem nele. Querem ser mais poderosas, melhor que as outras.

Sei lá. A musa fez questão que nenhuma de suas amigas me conhecesse. Por um lado, não teria como contar vantagem. Por outro, não quis correr o risco de que soubessem mais sobre um território que é só seu.

(O pior: eu passaria por uma história igualzinha a essa, dez anos depois.)

jul 06

PAIXÃO QUE NÃO PÔDE DAR CERTO

Está em outra esfera, bem acima, o poder de decisão. Quatorze anos se passaram, e se fosse em outros tempos, jamais abalaria uma estrutura de casamento.

Ao mesmo tempo não seria tão fácil a mulher escapar. Como os índios, em que os mais fortes e guerreiros trocavam seus genes com mulheres cada vez mais jovens. Doce ilusão? Sim, agora estou tomado por ela e, como quer a musa, haverá dois ou três dias para que eu me remonte, que me resgate, que me reestruture até me apaixonar de novo...

out 06

DA MULHER QUE TANTO FASCINA E DO TEMPO QUE SE PERDE

Escrever. Há tempos não me ocorria... Assunto: *ela*. De novo? Quantas vezes será necessário até eu mesmo compreender *que nem só de ilusão vive o homem*? Hoje é a linda arquiteta, como já foram outras. A identificação da mulher amada numa só pessoa é rara, ou passou a ser rara quando me vi sozinho, realmente sozinho depois de ser rejeitado pela primeira colega da Arquitetura, pela segunda, e tantas outras.

Hoje é a Dri. Talvez ela compreenda que ficar comigo seria o melhor negócio, mas não quer agora uma resposta para o seu futuro. Não acredita que vá ser feliz comigo, que eu vá deixar de tolher certos impulsos.

A resposta do porvir está a esperar. Cada vez mais me liberto dessa solução única, mas quando a vejo, ah... quando a vejo, logo me apaixono.

E ela não impede que eu a veja, porque em alguma coisa gosta de estar comigo.

out 06

DESILUSÃO AMOROSA (A HISTÓRIA TODA EM ANÁLISE)

Mágoa. Parece apenas que tenho de atravessar o pior dos infernos, o deserto que já conheço, e que quando se sai dele, é curioso ver quem nem todos passam por esse tipo de obrigação. Se herdei isso dos meus pais, ou mais propriamente, do papelão feito pelo meu pai durante inúmeras ocasiões, fazendo com que minha mãe o rejeitasse, e a mim por extensão – e as minhas irmãs, pegando carona, fizessem o mesmo com o irmão –, são agora labirintos e labirintos de provações, de domesticação de mulheres que me veem como animal, de mulheres que não me veem, estão cegas, e cagam para a vida, pensando apenas "me dei bem", "humilhei o cara", "sou a poderosa", "o que há de melhor, já que fiz de trouxa um cara de coração aberto, que acredita na bondade e me dá toda liberdade para humilhá-lo e ainda me aproveitar dele". A Dri é assim, e muito pior: o que não enxerga, acha que não existe.

Tudo começou, ou passou a ser mais visível, na ocasião de conhecer e logo ser rejeitado pela Bel. Tudo bem, havia um fundo de verdade no que ela sentia: a viagem com meu pai ao Chile fez com que eu voltasse cheio dos cacoetes, daqueles que pareciam impossíveis de curar, ou que minha mãe de fato tentou curar por anos a fio, mas desistiu porque meu pai além de teimoso sempre foi autoritário. Eu não. Mas como canalizou para mim toda essa aberração, as mulheres acham que não podem me curar, porque acham que essas manias vêm de mim. Não vêm. Eu curo essas manias, sou o único que pode curá-las. Mas são camadas e camadas de material infértil que tenho de disfarçar delas enquanto curo. A Léa viu isso, e logo se impressionou porque mesmo jogando para cima de mim de novo cada camada que eu retirava, sobrevivia novamente a ela até curá-la de vez. Com a Léa não foi possível, pois ela não enxergava meu esforço, ou se acomodava em não ajudar. Da Dri eu esperava algo melhor. Não veio.

Os cacoetes que a Dri terá de enfrentar (não comigo) estão além da imaginação dela. Demorarão muitos anos até que perceba (chego a essa conclusão pessimista ao notar que hoje ela sequer escuta o que falo, está convencida de que fez uma boa escolha, por uma pessoa "mala", mas e daí? "Todos somos um pouco 'malas', não é?").

out 06

Ainda a vida "amorosa" (parte final)

AMOR IMPOSSÍVEL

Passado o inferno astral, veio a Dri me visitar: delícia... Adorei vê-la, ela que tanto me atrai com seu corpo – e se me pergunto se é por estar iludido que estou feliz, respondo que é preciso estar feliz.

(Um grande amor ainda viria depois, e seria exatamente assim: quanto mais iludido, mais feliz eu me sentia.)

out 06

ANDAR COM FÉ

Sinto que *ando mais feliz* e agradeço a Deus por isso.

jan 09

PERCEPÇÃO DAS MULHERES VARIA COM O TEMPO (SEM PRECISAR DAR NOMES)

Mais de vinte anos depois eu reconheci que foi melhor ter casado com a mãe do meu filho e com a mãe da minha filha do que se tivesse casado com a primeira namorada adulta. Talvez, pelo mesmo raciocínio, ainda note sobre o momento atual que é bem melhor estar com beltrana, do que se fulana tivesse me aceitado.

jan 09

AMOR É TUDO

Talvez porque tenha dormido bem na casa da Clau (esta que é minha nova mulher amada) e me sentido desejado, saio feliz às ruas e observo a beleza das pessoas (na paisagem comum da cidade). Logo percebo (sem me alterar, ou afetar, porque é previsível) a existência também dos estúpidos (principalmente motoristas), entendendo que é a alteração normal de humor das pessoas que convivem com situações de amor (família, amantes, amigos) e frustrações. O Brasil é um país pobre, subdesenvolvido, vítima ainda de muitas ignorâncias, e principalmente por causa dos políticos que tem.

jul 09

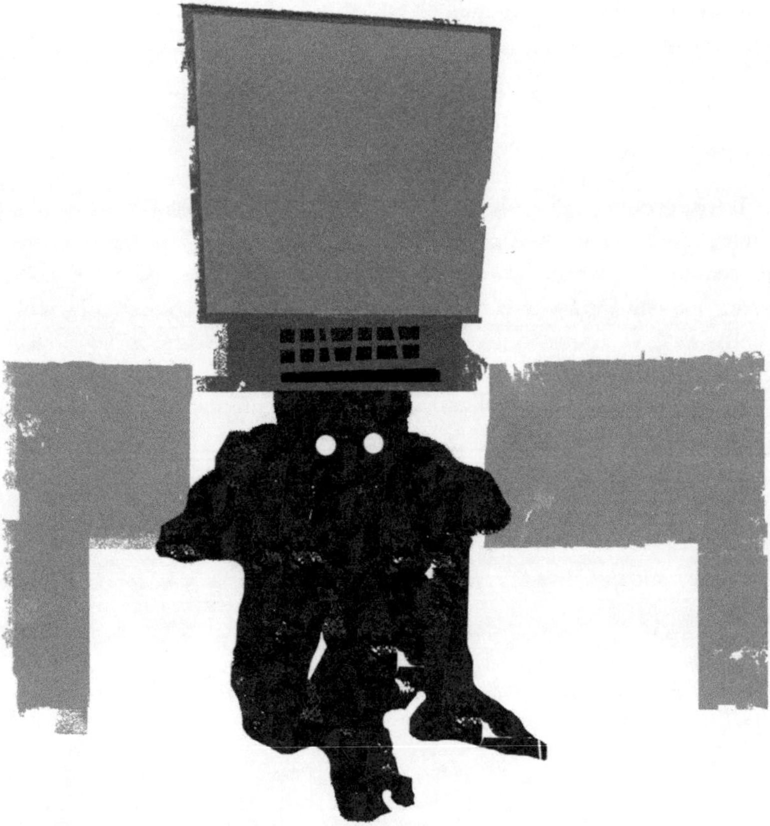

3 Incursões antiacadêmicas

Aprender com os antigos

HISTÓRIA HUMANA

O que se conhece da jornada humana rumo à racionalidade é muito pouco. Sabe-se mais dos tempos da Mesopotâmia para cá, pois foi quando passou a haver registros precisos de como funcionavam algumas sociedades.

Colocar-se a tecnologia como medidora de avanço histórico é um critério que pode ser falso ou verdadeiro.

Me lembro de um livro em que o entrevistador tentava extrair de cientistas a reposta sobre a modernidade ter trazido melhorias ao espírito humano. A extrapolação do paralelismo cultural não evolutivo pode ser aplicada também aos seres vivos e à sua química de origem, a matéria. Contudo, pode-se explicar e expressar a felicidade.

ago 93

CULTURA E NATUREZA

A cultura imita a natureza. Dentro de um campo codificado, que é infinito, o novo aparece em contraste com o provável. Para que a informação seja passada, é preciso um mínimo de redundância que a identifique com o código. A persistência do novo abrirá o campo de probabilidades e trará a possibilidade de ela se tornar real, comprovável, ou de ser descartada, como algo aleatório.

É nesse sentido que a cultura imita a natureza. A cultura está sujeita a mutações casuais, que podem ou não ser adquiridas. Desde que uma sociedade outorgue poderes a um núcleo de especialistas, eles podem definir o que é correto, impositivo, por exemplo, na codificação escrita de uma língua. Um erro de português não pode ser confundido com uma informação nova porque está previsto: faz parte do previsível "desvio da norma". Um quadro, um desenho também obedecem a certas especificações. Nada impede de ser chamado de "arte" um desenho sem técnica, sem capricho.

Na Grécia Antiga, tivemos momentos de florescimento (partindo de um equilíbrio econômico favorável), aprimoramento e requinte de várias artes.

jun 93

INDO EM FRENTE

Partindo um pouco da história da *ilustração* e da *escrita*, a primeira poderia ser comparada, na verdade, à da fala. A da escrita requer mais do que uma organização tribal; pelos menos ao que sabemos, ela aparece apenas nas civilizações organizadas em sua produção, em sua divisão do trabalho, e, portanto, estratificadas.

A escrita aparece, junto com a matemática, com a necessidade de leis e de documentação.

mai 93

IMPORTÂNCIA SOCIAL DOS ESTUDOS (QUAL É MEU PAPEL?)

Bem, não sei dizer se socialmente é correta a decisão de me tornar cada vez mais erudito, ou se meu produto é de interesse social, mas certamente não está sendo uma escolha desonesta e, muito menos, destrutiva como é, por exemplo, a da publicidade.

Fazer parte de um setor que se autobeneficia (e autofavorece) pelo aprimoramento e pela consequente elitização do consumo de seu produto pode estar socialmente correto, desde que ajude a valorizar a sociedade como um todo.

ago 93

CONCEITO 1: SOMOS IGUAIS

O que mudou nas civilizações da Antiguidade para hoje é basicamente a técnica. Claro que as consequências disso são muitas, e principalmente o fato de que a população sobre o planeta foi multiplicada. Mas o conhecimento íntimo, os sentimentos, são os mesmos. Há quem diga que não se atinge horizontes tão aprofundados nas pesquisas filosóficas atuais como se atingiu na Antiguidade, e no mínimo é necessário saber o que pensaram os antigos para avançar, ou pelo menos sedimentar tais conhecimentos.

É preciso trabalhar com oposições. Da Filosofia à Física, o conceito de "haver" implica o de "não haver".

mai 93

Experiência da troca

CULTURA GREGA E HORA-AULA

Me esqueci de comprar livros, mas enquanto não avanço em outra leitura mais firme, vou de mitologia grega: Junito. É pena que se acredite tanto em teoria psicanalítica. E tanta gente. Aqueles que não se aprofundam no conhecimento da cultura antiga dão um jeito de simplificá-la, inventando "arquétipos", "complexos", "*anima-animus*".

É como explicar à minha aluna que metade do que está escrito pelo Décio assemelha-se a um chute no vazio, "blábláblá", e a outra metade são meras descrições de coisas óbvias. Existe linguagem não verbal? É claro que existe: o sonho; a ideia é mais rápida que a palavra. E de tanto se fixar na palavra alguns perdem a velocidade da ideia. E existe a linguagem dos animais etc.

Vê-se que acordei com um ligeiro rancor pelo preço de banana a que vendo minhas aulas: um décimo da sessão de um médico, que é 2/3 do tempo da minha. E a cultura é mais importante e consistente que o apoio moral dado pelos médicos, aquela força ao individualismo, em nada distante da ignorância.

Se os médicos são galinhas, arrogantes, mercenários, eu não sou. Então me desloco disso, e a partir do próximo ano faço um preço compatível com o valor da minha hora.

out 91

SOBRE BEM E MAL

Fausto me lembra daquela novela *Pantanal*, em que o violeiro vendeu a alma ao diabo para que fizesse sucesso em sua carreira. No Brasil, infelizmente, muita gente anda confusa, fazendo enorme esforço e conseguindo pouco resultado (de que lado estaria o Comando Vermelho?).

Na música "Simpatia pelo Diabo", do Mick Jagger, há uma sátira da concepção que se tem do mal. Ele teria acompanhado e colaborado em muitos malefícios, indiferente a tudo em consequência de sua impossibilidade de sair dessa. Há de se ter em Deus a mesma expectativa de um processo analítico: se no fim não passar de ilusão, valeu por todo o processo, e a esperança trouxe calma.

mar 92

SENTIDO DA VIDA

O princípio da relatividade é dizer que o observador tem sempre duas referências: o trágico e o harmonioso. E bom é lutar para que tudo caiba dentro de um dos lados (e saibamos morar nele); melhor que seja o harmonioso...

abr 92

BUSCA DE IGUALDADE

Tudo é luta, tudo é política. Se não houver pressão por melhorias sociais elas não acontecem; afinal, não se dão só por medidas econômicas.

jul 95

LIVRE MERCADO

O que fazer se a sociedade brasileira é constituída dessa maneira? Nas novelas rurais – que têm sido (de longe) as melhores –, giram em torno de um próspero fazendeiro as muitas histórias sociais. As economias que se firmam estão vinculadas à centralização de poder e liderança, que é injusta, mas competitiva.

set 93

Tempos de retração social

USO EXAGERADO DE COMPUTADOR

Foi bom ter me lembrado disso: antigamente, cheguei a achar ridículo as pessoas se extasiarem com computador, horas e horas, como se aquilo estivesse sendo realmente útil. E era quase um vídeo game. Troquei certas futilidades pelo hábito de escrever, mas é quase tudo o que faço aqui. Devia era tocar mais violão, desenhar.

abr 92

ESTRELISMO DOS ATORES

Vi a Zezé Mota (pessoa admirável) na TV e tive pena, porque, para expressar seu deslumbramento com um trabalho que vai fazer, disse que contracenaria com "nada mais nada menos do que" sei lá quem (algum americano famoso).

O valor do trabalho estipulado pela fama de quem faz parte não me convence. É o mesmo caso do Sérgio Mamberti tentando convencer o público de que seu estilo é de criação própria, e que depois o ensinou a outros. Por isso, continuaria convincente em suas atuações mais corriqueiras. Não.

mai 92

CRÍTICA LITERÁRIA E CULTURAL

Os interesses culturais da pessoa que eu amo estão um pouco desconexos, presos a uma linha de fé em que tudo deve ser coroado de sucesso, e assim atingir um vínculo de conhecimento abrangente.

No fundo, alguns trabalhos universitários são assim: procuram atar o máximo em informações, mesmo que apenas para dar volume. É o caso da fábula antimito de Frankenstein, encontrada paralelamente à biografia de Byron, quase contemporâneo e influente em Castro Alves.

Por acaso, conhecemos um pouco mais da fábula ontem pela televisão. Há coisas que são típicas dos monstros: sentem-se inferiores e excluídos da sociedade. A única pessoa que poderia apoiá-lo seria ele mesmo, em outros momentos. Daí a fuga para os sonhos. Os sonhos relativizam o tempo, e mesmo por eles haveria a aparição de uma bela jovem que garantiria a força vital até o momento de advir melhor época. Um futuro promissor, isso sim, é o que todos esperamos.

ago 92

EXPOSIÇÃO PÚBLICA DO ARTISTA

É uma verdade crua a de que seu trabalho visa quase apenas à repercussão imediata, o que esbarraria no chavão comercial dos apelos sensuais, na necessidade de badalações etc. Infelizmente eu saquei: badalo de sino, o sexo é mercadoria; na realidade crua da nossa sociedade, mola de carreira, eu espero que ela não pense só nisso, e descubra exemplos de pessoas que se ergueram resguardando-se no amor.

Sei bem o quanto pondera quando as condições são exigentes. Até citou um exemplo, mas de quando era casada. É que se cedesse uma vez sua intimidade em troca do brilho na carreira, estaria abrindo perigoso precedente para assumir desonestidades: imaginaria se não era só o início de uma etapa cruel, com a filha nas costas. Há malícia e muita maldade no mundo, mas suspeita do próprio ex-marido, que às vezes quer imitar, ou concorrer: já falou em produtora.

(Algumas peças atraem mais público porque ver pelada a mulher de outros parece ser bom. Voltamos assim ao problema maior do Brasil em sua educação, o povo desinteressado de cultura e arte, sem capacidade ou necessidade de absorvê-la: só se interessa por sexo.)

set 92

Vida com Música

ESTILO ESTÉTICO-MUSICAL

A estética do *heavy metal* me agrada: lembra a dos celtas, cavaleiros selvagens de uma época ligeiramente anterior à escrita, quando praticamente não havia política, e os homens valiam pelo que realmente eram.

Alguns conjuntos também lembram os citas, cavaleiros da estepe; aguerridos guerreiros que, "quando o rei Dario da Pérsia quis estender seu império ao norte do mar Negro", foram capazes de enfrentá-lo e resistir à conquista. Dario se foi...

jan 92

MÚSICA NA TV

Uma breve nota para fazer registro deste momento de graça, em poder ver o clipe de um conjunto tranquilo como mais se almeja ser, admitindo-se as diferenças.

Os jovens ainda não são responsáveis pelo funcionamento do mundo, têm uma linguagem própria, identidade visual, sabem se reconhecer. É bonito isso, que eles possam se olhar através de outros, gostando-se.

Isso foi cortado na mudança de canal para um corpo feminino, dos mais formosos, nu, introduzindo uma novela: isso chama o tesão, mas, de tão em liberdade, não me instiga uma masturbação, e sim o trabalho recém-iniciado. Mesmo saindo do banho...

out 94

MODO DE ESCREVER: SEGREDOS DA VIDA

O concurso "Nestlé" ainda não mandou suas instruções, e por isso a obra está parada, talvez pelo pouco incentivo a reler coisas que escrevo – nada que tenha qualidade suficiente para absorver um leitor, nem o uso de palavras reveladoras sobre uma nova descoberta espiritual, por exemplo; apenas exercícios que vão se somando, para aos poucos saltar aqui e ali uma coisa melhor...

Não quero agora me deter a uma investigação sobre o lado secreto da vida, às conformações repetitivas dos fatos, ela com um amigo, eu com uma pajem; a história se desenrolando nesse momento em que a população mundial atinge sua capacidade máxima. Das duas uma: ou os espíritos estão encarnando mais rapidamente (se é que são em número limitado), ou estão se reunindo para uma coisa que poderá acontecer; ou não há nada disso, há apenas evolução biológica, com seus múltiplos vetores, tudo uma decorrência natural.

jul 93

FILOSOFIA DA LEITURA

Mesmo o corpo, ele não prescinde do que é pensado: prefere que todas as suas células possam receber o sangue bom e purificado, através da leveza dos movimentos em mecanismos vindos da mente; e isso é também reflexo do que se lê.

nov 93

PSIQUIATRIA INÚTIL

Lembro-me de ter lido certa vez a declaração de uma psiquiatra de que algumas manias como bater na madeira, lavar a ponta dos dedos, são um tipo de doença física, ligada à ansiedade e à insegurança. Talvez sejam, mas essa constatação não leva a nada. O "imobilismo", a que já me referi outras vezes, é também uma disfunção causada pela insegurança, mas nada grave...

ago 93

Métodos de repreensão nas várias áreas

CRÍTICA À FACULDADE

O que acontece na faculdade de Letras foge a simples explicações. Bem exemplificou o colega que *o mais famoso dos poemas apenas escritos perde em memorização das massas para a música mais casual*. "Literatura" oral não são apenas as palavras, mas seus acompanhamentos de música, teatro, emoção.

Na faculdade de Letras, toda comunicação é reprimida. Todos são fantoches, mumificações de tradições superadas. Uma simples piscadela é tida como desatenção, como fuga do esforço sofrido para estar passivo às imposições. Já nas outras, há pessoas mais humanas e calorosas, subentendendo-se o afeto como característica humana.

(Por isso, minhas músicas não seriam desvios, mas compreensões mais amplas e lúcidas.)

O que eu quis dizer é que na faculdade de Letras há todo um formalismo imposto sabe-se lá por que academia. E todo um "normativismo" travador do livre pensar. Vê-se que só se escreve de maneira aprisionada, sem que as emoções possam estar soltas para fluir.

out 93

CRÍTICA AO TEATRO

Aos artistas que trabalham com teatro falta se libertarem do extremo narcisismo em precisar do próprio corpo para expressar "arte". Outro dia disseram: "fulana é maravilhosa, pois apenas movimentando os pés foi capaz de expressar coisas incríveis". Será? Será que todos os corpos não são maravilhosos, e que toda expressão corporal não é brilhante? Materializar uma obra de arte, com cores, letras, instrumentos musicais, para fora do corpo, requer muito mais técnica.

jul 94

LETRAS E ARQUITETURA

Como leitura semiótica, eu diria que o jovem arquiteto é um burguês mais assumido, enquanto entre os letrados há menos burgueses. Os arquitetos são bem-humorados, gentis e ligeiramente ostentadores. São sofisticados e abertos às diferenças, ao menos na intenção. Dos letrados eu mal sabia da existência.

A minha referência eram os jovens músicos, que eu pretendia que fossem extremamente criativos, e isentos de serem burgueses. Mas mesmo entre eles, eu percebia uma divisão. Havia aqueles que assumiam uma sofisticação erudita, que levaria ao elitismo, e aqueles que se firmavam como popularescos. Fui me convencendo de que a tentativa "yuppie" de alguns era na verdade um caminho de menor risco e arrependimento. À heroica luta socializante todos e qualquer um poderia se entregar a qualquer momento, e a adesão daquele que estivesse mais elitizado acabaria recebendo maior valor. Eu não considerava esses músicos sofisticados como burgueses, apenas como frescos. E naqueles que não abriam mão de um trabalho "autenticamente" popular, acabei vendo certo desleixo. Assim, eu me sentia aliviado em pertencer à elite dos arquitetos universitários; era mais difícil do que simplesmente tocar violão e cantar.

O trabalho dos letrados é mais operário porque depende menos da exploração de outros. Dar aula explora apenas os que se encarregam de manter o espaço, os que estão por trás da feitura de cada material utilizado e, por fim, os que pagam imposto, quando a escola é pública. Escrever livros explora talvez os funcionários da gráfica, mas nada se compara à construção civil, em que quem bola a obra ganha bem mais que quem a executa. Talvez por causa da minha índole, ou capacidade, acho compor mais fácil que arranjar, desenhar mais fácil que construir, criar mais fácil que fazer.

nov 97

SOBRE ESCREVER E TRABALHAR COM ARQUITETURA

Ainda sonho em *dedicar* um mês inteiro, ou mais, *à escrita*, isolado numa ilha, fazendo um livro totalmente novo, com começo, meio e fim inventados de uma só vez. Realisticamente, o momento mais apropriado será assim que me formar em Arquitetura.

E pretendo de fato trabalhar com arquitetura, endireitando de vez a minha vida, já com filhos, alguns discos gravados e livros publicados. Quando me cobro pelo tempo que ainda invisto nos estudos, enquanto poderia estar engajado em algum trabalho mais fixo e comprometedor, percebo que sei o que estou fazendo. Mais do que dizer que no presente a faculdade por si já me ocupa o tempo que disponho (e mesmo assim, trato de adiantar outros lados), sei quanto *a vida me levou a ser como sou*.

Do mesmo modo, procuro mostrar reconhecimento de valor em pessoas que têm dificuldades reais (ao trazer minha filha para casa, no colo, reparei num sujeito de classe média baixa que estava triste; imaginei que ele, lutando pela vida, talvez estivesse longe da família, e que pudesse estar frustrado por não ter tudo que sonhou, já que mesmo com todo esforço, o conforto social é quase impossível para muitos; assim, comovem-me muito menos aqueles que não vão à luta e procuram culpados eternos – é de você mesma que estou falando – do que os casos reais); o meu autorreconhecimento está na não acomodação, na não autocomoção etc.

dez 98

Estados de ânimo

CONFIANÇA

Antigamente eu acharia que o que sinto agora é saudade, mas a vida só faz sentido no que está por vir. Construir um caminho melhor, o tempo todo, é o que se pretende. Se os caminhos se repetem, há o ciclo das estações. Há o ciclo das estações e o dos anos, novas perspectivas, novos sonhos.

jul 94

SOBRE TESTOSTERONA

Ontem, na TV, assisti a um documentário científico sobre alterações hormonais em homens e mulheres. Falou-se da tal testosterona (que cheguei a anotar como "teosterona", ou algo assim), cuja quantidade medida na saliva estaria diretamente relacionada ao sucesso ou fracasso em campos competitivos. Até mesmo para um torcedor, a quantidade da substância aumentava ou diminuía conforme o resultado. Aquele que vem acumulando êxitos profissionais, por exemplo, tem taxa média alta.

Isso explicaria a confusão nos exercícios de hidráulica pós-derrota do meu time, bem como certa clareza na semana seguinte, quando ganhamos um jogo importante. Mas parece algo tão simples como a teoria – divulgada com tanto sensacionalismo – da "inteligência emocional". A única coisa que acrescenta é que são taxas, medidas na saliva.

Assim, serve apenas como *fundamento científico* sobre o que ocorreu na minha história amorosa de jovem estudante. Às frustrações anteriores, vivenciadas com dificuldade e interpretadas como "azares" involuntários que prolongavam a solidão, somou-se o *abandono incompreensível* da primeira namorada adulta, aos dezoito anos. A taxa de "teosterona" deve ter caído a zero, levando junto a autoestima, e ao mesmo tempo o desempenho ruim nas outras áreas (música, relacionamento familiar, aprendizado acadêmico) fez da autocrítica severa o elo maior com o círculo vicioso. Devia haver uma oscilação incrível da taxa (pelo que ocorre ainda hoje), com depressões e euforias que me expunham ao enlouquecimento. Foi exatamente aí onde o lítio atuou.

Há outros remédios que dão tranquilidade sem comprometer o rendimento (ou até ajudando nele), e também pessoas mais equilibradas naturalmente, de bom astral quase permanente, o que me faz lembrar a expressão de que fulano é assim porque "caiu num caldeirão de prozac quando era pequeno".

mar 99

CONSTATAÇÃO ÓBVIA

Na estatística do jornal, os pilotos que têm filhos são os que conseguem melhor resultado nas pistas. Não quero contar vantagem pelo que a natureza me proporcionou e tenho assim como afirmar, mas deve-se constatar que, de fato, quando além de você há outro(s) ser(es) por quem lutar e tentar a felicidade, a motivação é muito maior.

mai 01

SEXO E DESEMPENHO

Uma fonte não muito confiável (a revista *Veja* de 4/5), aborda estatisticamente a relação sexo/desempenho físico da seguinte maneira: até dez horas depois da relação, o sexo diminuiria o desempenho; mais do que esse tempo de intervalo entre as atividades, não alteraria. Diz que, no entanto, se a abstinência sexual for demasiadamente prolongada (não diz de quantos dias), isso causará perturbações psicológicas à pessoa, diminuindo o rendimento.

O objeto de preocupação era, no caso, a seleção brasileira de futebol, também chamada de "a pátria de chuteiras", e os pareceres eram da própria comissão técnica, ou seja, a estatística aplicada a uma das mais delicadas questões de nossa soberania, e nesse sentido a tal fonte deveria ser considerada como confiável.

Onde isso entra? Na questão da interdição sexual dos jesuítas. As neuroses deles eram no mínimo autopenitentes, e não podiam suportar a liberdade sexual dos índios, a passagem de índias nuas à frente deles.

Já se falou na crença de Nóbrega sobre determinadas marcas na pedra de que seriam na verdade pegadas de gigantes. Esse é um tipo de alucinação causada pela abstinência sexual.

mai 94

SUPERSTIÇÕES?

Falsa ou verdadeira, há uma utilidade nos jogos de azar: medem vibrações (como os jogos de futebol na TV). Como tirar proveito? Eis a questão.

Uma coisa eu digo: medi hoje minha fluência energética pós-visita ao estúdio em obra (e se me arrependo é de achar maldoso o comentário que faria sobre o "pé na demência" do cara que ficou por aqui fazendo "cera" até 21h, para depois eu descobrir – por causa da inquietação do cachorro – que não só deixou luzes desnecessariamente acesas como em condição de dar curto circuito naquela área).

out 07

Apelo a religiões

ATRASO CIVILIZATÓRIO

Achei a palavra que não me vinha na conversa com a psicóloga: "repugnância". Essa *repugnância* pelas coisas, provocada a partir da ignorância de certas pessoas, é o que causa incontáveis atrasos nas relações.

mai 12

AULA DE UM GURU

São instrumentos de conhecimento: instinto, razão e inspiração (esta, dos homens de Deus). O instinto é primitivo, e a razão é limitada (a lógica sempre recai em um círculo: nas bases da percepção, *a matéria sofre ação da força, que sofre ação da matéria* – como em uma "gangorra").

A razão e a inspiração não se opõem, mas se completam, como o velho e a criança.

fev 16

SENSIBILIDADE EXTRA-CORPO

Diante da perda de sentido provocada pela rejeição amorosa em pleno ápice de paixão, faço-me a pergunta:

– São os pecados que me impedem de atingir a plenitude? De realizar meus desejos? Se não houver apego, conseguirei prosseguir em meus trabalhos? Qual minha missão?

Resposta dada por Vivekananda (p. 180):

> Meu filho, aguente firme! Não peça a ninguém para ajudá-lo. O Senhor não é muito maior do que toda a ajuda humana? Seja santo – confie no Senhor, depende dele sempre e você está no caminho certo, nada pode prevalecer contra você...

jun 16

MIL TEORIAS À SOLTA (OU BREVE COMENTÁRIO SOBRE O QUE SE DIZ POR AÍ)

Será isso mesmo, que tudo já existia antes (e só poderia ser assim)? Ainda bem que não é preciso concordar com todas as teorias (pelo vídeo que acabo de ver, sobre as quatro leis da espiritualidade indiana, seria exatamente isso: tudo já existiu em outros tempos, e só poderia ser desta maneira...).

ago 16

HÁ SIGNIFICADO EM SIGNIFICAR A VIDA?

Pensar que somente a incapacidade leva o homem a dedicar seu tempo à contemplação e a admitir que a vida é um sistema produtivo... A autoperplexidade em poder distinguir processos científicos, equações matemáticas na existência, não me tiravam do sério da rotina até o tempo em que me deixei contagiar pelas más influências.

Somos, sobretudo, bons, o que nos permite perdoar mutuamente em nossa índole desigual à de uma maioria incapaz e que apela. Para nos identificarmos mais, basta uma manhã de domingo, um *quatro de julho de mil novecentos e noventa e três*, estando ou não um ao lado do outro, para acordarmos melhor.

jul 93

Produções (im)pessoais

MENTE ACOSTUMADA A ESTAR SOLTA

Acho muito mais fácil desenhar do que escrever. Escrever, além de mais trabalhoso, exige maior responsabilidade.

jun 17

CONSELHO A UM AMIGO – O LIVRE PENSAR (2)

Penso de dito fulano que ainda perde muito tempo a se dar importância, isto é, precisando falar da própria genialidade (em suas devidas referências), e tudo para convencer *nosotros* de que é bom, enquanto poderia estar produzindo mais.

jul 17

REICIDÊNCIA DE IDEIAS QUE TAMBÉM OCORRE EM TRABALHOS ALHEIOS (VIRANDO "PLÁGIOS INVOLUNTÁRIOS")

É parte do "fazer" poético a pessoa *se interessar e achar graça no que os outros escrevem*. E muitas vezes, inclusive, *praticar variações em cima*.

Fora esses dois casos em que detectei um "interesse" e variação sobre produções minhas, posso apontar na obra de uma pessoa famosa outros dois casos que me parecem sintomáticos: a consonância sonora e a brincadeira com os sentidos das locuções/expressões "cromossomos" e "como somos", que está em um de seus melhores livros (de que não lembro o nome), e a repetição de uma frase, talvez no mesmo livro, que aparece em música dos Engenheiros do Havaí: "que a chuva caia como uma luva".

out 13

Futebol e outros esportes

PREVENDO UMA VITÓRIA NA COPA

Pelo que se observa, seleções como a do Brasil são as mais cotadas para obter sucesso em torneios de futebol, por vários motivos: (1) o calor humano daqui, país de clima agradável e temperatura alta, combinando com a vibração esportiva, o coleguismo, a solidariedade, o amor fraterno; (2) a população mestiça, com descendentes de africanos, que têm mais fibra, os músculos pesados e explosivos; (3) a tradição desse esporte, junto com a consciência por parte dos jogadores de que estarão lutando pela firmeza do orgulho coletivo, de uma pátria que se inventou, com ingredientes que para hoje escapam à lógica, mas que é a nossa.

jun 94

GANHAMOS A COPA

A seleção brasileira de 94 costumava entrar em campo de mãos dadas. A ideia partiu de um zagueiro ainda na fase classificatória, quando o time era vaiado em pleno país.

O gesto, que tem significado óbvio de união, solidariedade, foi o que talvez melhor diferenciou o Brasil das outras equipes (e o futebol técnico e aplicado, claro), a novidade que fez merecer o destaque, já que tinha de haver um campeão.

ago 94

DECEPÇÃO COM ESTA NOVA

A verdade é que agora estou bem desiludido com esta Copa depois do gol anulado dos ingleses. Não que torcesse por eles, mas esse tipo de barbeiragem, erro mesmo grotesco, proposital ou não, estragou a graça de tudo.

Já se tinha uma bola ruim, nivelando por baixo jogadores e goleiros. E começam a aparecer os escândalos de corrupção da próxima Copa (os verdadeiros motivos para a CBF tirar o estádio do Morumbi).

Com o gol anulado, e ainda um desarme feito pelo juiz no primeiro tempo – tirando a bola do inglês e dando para o alemão –, comecei a suspeitar que fosse argentino. Vi agora que é uruguaio. Mesmo assim, decidi que passo a torcer pelo México.

jun 10

ENQUANTO ISSO, NOSSA SELEÇÃO

A Argentina, junto com o Brasil, tinha os melhores jogadores, mas quase nenhum esquema tático. Depois que entrou o Maradona, sofreu seguidas derrotas nas eliminatórias (uma delas de 6 a 1 para a Bolívia) e quase não se classificou.

Outra coisa que o Dunga talvez ainda perceba é que dois times que apostaram em jogadores jovens (Uruguai e Alemanha) passaram às semifinais.

jul 10

COPA EM CASA

Se inventarem mais um pênalti a favor do Brasil, assim, do nada, vou sentir muita, muita vergonha...

jun 14

CORRUPÇÃO NO FUTEBOL

Quando o time com maior torcida no estado perde uma partida, o jornalismo esportivo da maior emissora do país parece ficar de luto. E pelo jeito vai continuar assim, desprezando outras torcidas.

mai 15

ESPORTES A MOTOR

Fico surpreso como até hoje muitas pessoas não percebem o ridículo dos chamados esportes a motor (na verdade não são esportes: poluem, maltratam a natureza etc. etc.).

dez 07

COMO REFORÇO DO PENSAMENTO ANTERIOR

Poluir o mar é como poluir o ar, mas no ar não se encontra um ecossistema tão rico e variado como no mar. Por isso, prefiro achar que esportes a motor não são esportes, pois muito mais destroem a natureza do que ajudam a melhorar em alguma coisa o ser humano.

jul 93

BORDEJAR

Há vezes em que se confunde "bombordo" com "estibordo", sendo o primeiro a lado esquerdo de quem olha para a frente (proa). O "bordo" pode ser feito para os dois lados, e, ao contrário da política, para alguns, ou como na política, para outros, o "bom" é à esquerda.

jun 09

ESPORTES INTERNACIONAIS

"Nossa língua perde em ordem quando não se direciona para o justo."

Das coisas mais fascinantes que existem, as competições esportivas podem ser internacionais quando existem nos jogos as regras fixas, iguais para os dois times (mesmo que de uma só pessoa).

A uniformidade dos códigos faz crescer o conjunto. Vivemos numa época em que todo o mundo se comunica e, portanto, pode comparar suas culturas. *Não existe cultura certa ou errada, mas existe cultura que pode ser mais abrangente.* Uma cultura que serve só ao explorador não resiste à História, e nem uma cultura que pode ser dominada.

As competições esportivas fascinam quando temos respeito e autodisciplina (o que inclui humildade). Temos calma e grandeza para melhorar.

ago 93

Novos apanhados – voltando a falar de coisas amplas

CONFLITOS CIVILIZATÓRIOS

Parece elucidativo quando, analisando a "crise" no Oriente Médio, os jornalistas falam em "conflito de civilizações". De fato, o que se observa no fenômeno dos *aiatolás* é que do lado de lá se deseja a ruptura com o estilo de vida e os valores ocidentais. E do lado de cá, tacha-se o estilo deles como retrógrado, medieval.

Na ingenuidade de uma solução que agradasse aos dois lados se poderia imaginar um mundo dividido em duas grandes regiões, que não se agrediriam, mas, para isso, simplesmente não se comunicariam.

Mas a dura realidade mostra que nem o Ocidente se sentiria a salvo de um ataque dos fundamentalistas islâmicos, nem esses se conformariam com que parte da humanidade não adotasse suas regras, costumes e, principalmente, doutrinas.

Com o tempo, duas civilizações independentes se desenvolveriam. Supondo que de modo alternado uma se sobrepusesse à outra, o que garantiria àquela que num momento estivesse mais forte (militarmente) que quando a outra estivesse nessa condição, não a invadiria e a aniquilaria?

Se o isolamento ocorresse por milhares de anos, o provável, na biologia, é que a humanidade se dividisse em duas espécies. Cada uma delas conviveria com a possibilidade de a qualquer tempo ser exterminada pela outra. Estando mais forte, talvez fosse melhor partir logo para o conflito, garantindo sua descendência.

Assim se explica algo do nosso passado, que a alguns, mais sensíveis, instiga: quando virou Cro-Magnon, a humanidade tratou de aniquilar a permanência de suas espécies aparentadas mais próximas (como o homem de Neandertal, entre outras).

Num nível menor, de "raças" dentro de uma espécie, também a possibilidade de ser vencida e substituída por outros grupos pode ter sido pretexto para massacres e extermínios que fazem parte de nossa história humana. Entre eles (porque mais me sensibilizam), o extermínio dos povos autóctones na Índia para o florescer da civilização ariana (de língua sânscrita), e o múltiplo extermínio dos grupos indígenas na América, para o estabelecimento de civilizações ibéricas e anglo-saxãs.

No fundo, não é mais do que se verificava em nossa pré-História (brasileira) entre tupis e "tapuias": uma disputa territorial.

mai 03

ESTIGMATIZAÇÃO DOS PAULISTAS

Assisti a um vídeo no YouTube relacionando questões políticas à nova imagem que se constrói dos paulistas, por uma espécie de campanha de desinformação sobre a figura dos Bandeirantes, tidos como instauradores de um estilo de vida gananciouso, cruel, injusto e derramador de sangue.

Os primeiros colonizadores realmente escravizavam índios e mataram muitos deles, o que não se pode negar em nenhum momento como realidade histórica. Mas nota-se, também, que é injusto "julgar o passado pelos valores morais de hoje".

Sim, porque a humanidade como um todo tem sua *evolução moral e ética* que não é linear – há também retrocessos, mas no geral se caminha no sentido de *evoluir*.

Na Antiguidade, a escravidão era aceita e considerada normal (pode-se procurar na Bíblia se há alguma contestação). E assim também foi no Brasil por três séculos (havendo ao menos, felizmente, vozes que eram contrárias). Hoje em dia é repugnante, mas existe ainda em partes da África e da Ásia. Para a imensa maioria dos países, ela é considerada imoral.

É importante lembrar que não se pode julgar o Império Romano e a Grécia Antiga por um critério moral de hoje. Até cem anos atrás, as mulheres não votavam (50% da ascendência de cada homem ou mulher é de mulheres – 100% de nós descendem de uma, que na maioria dos casos preferiria não ter sua "prole" perseguida ou taxada de machista), e assim, a Revolução Francesa poderia hoje não ser considerada legítima, já que instituiu uma democracia em que as mulheres não votavam.

Os valores de hoje são mais "evoluídos", e é injusto julgar os bandeirantes por eles. Se os mesmos critérios fossem usados para julgar os índios, vai se dizer que eram antropófagos e, além de comer gente, praticavam rituais de tortura (os de passagem da infância à adolescência, em que não se podia gemer – se gemesse, não era adulto). Isso seria aceito nos dias de hoje? Comer carne humana? E como o canibalismo já havia sido superado moralmente pelos bandeirantes, na cabeça deles era justificável apresar os índios para "civilizá-los".

A História é uma coleção de feitos humanos, bons e maus, sobre os quais podemos refletir (não há nada de novo na questão dos bandeirantes), mas sempre cientes de que a moral de outras épocas não era como a de hoje. E se ela não era assim, é porque somos capazes de evoluir, o que nem sempre acontece, mas, felizmente, em linhas gerais, há melhoras.

dez 19

SE A LEI FOSSE SEGUIDA

Uma coisa que se tentou consagrar desde a belíssima civilização grega, o νομος ο παντων βασιλευς (nomos ho pantón basileus, "a lei governa a todos"), de Píndaro, infelizmente em quase nenhuma civilização se confirmou de maneira plena, e na maioria dos casos a grande confusão foi de ordem religiosa – como em nosso querido Brasil, a nação e a nacionalidade implantadas pelos portugueses, que mal se importaram em invadir e expulsar, ou simplesmente matar, os povos que antes aqui habitavam –, pois por muito tempo Estado e Igreja permaneceram como coisa praticamente única, quando se pensa em Península Ibérica. E de que adiantava haver uma Lei para todos, se para alguns – principalmente os membros desse Estado-Igreja – ela era "mais igual" que para outros? E o que dizer daqueles proverbiozinhos bestas, coisa da verdadeira malandragem, do tipo "para os amigos tudo, e para os inimigos a lei"?

ago 17

CULTURA GREGA

É do mundo das ideias a estruturação de religiões mais complexas. Assim como Platão condenou a mitologia homérica, colocaria no mesmo saco as fábulas cheias de símbolos que deram origens às diferentes religiões.

Tudo bem, já que as religiões não falam do mundo físico, mas de uma espiritualidade que só se concebe por ideias. Existe uma espiritualidade ideal, mas que segue as mesmas leis da natureza, apesar de não se basear em corpos transitórios.

São leis de proporção, combinações possíveis. A origem natural é o Deus, diriam os simplificadores. O homem é preso aos sentidos, e só através deles concebe a felicidade possível, o conforto e os prazeres. Mas no plano das ideias não há prazeres nem conforto, só a pura contemplação de combinações matemáticas.

Naqueles tempos não se teorizou a Física Quântica, mas pelo desenvolvimento da Óptica Arquitetônica se demonstrou o relativismo do mundo físico (dos sentidos) frente ao observador. Não se dizia que a gravitação podia alterar o tempo, mas se estudou tudo com base no movimento (todas as coisas se movem; o próprio observador delas está em movimento e é vulnerável a transformações).

Platão separou o que podemos observar do que podemos pensar. Uma origem fabulosa das coisas é também pensamento, e a simplificação de que são explicações simbólicas já mostra que na verdade nunca se soube de nada. Se são *simbólicas*, explicam algo que *não é possível descrever objetivamente*.

Somos observadores, e para isso temos sentidos. Não se concebe uma história sem conceber seu espaço físico, que pode ser verossímil, baseado no que vemos. Mas vemos e criamos um espaço teórico, em que não importa o ângulo do observador. Muito menos que essa concepção tenha se dado no cérebro de quem tem dois olhos e, portanto, a noção tridimensional. Dois olhos que dão mentalmente a noção de apenas um ponto de fuga.

mar 07

AMOR COMO DEGRAU

Segundo Platão, a escada de ascensão do ser humano passa, no seu penúltimo degrau, pela posse física da pessoa amada. Como homem, vejo que só matando o desejo é possível atingir um amor mais apaziguado e contemplativo da mulher amada.

O platonismo mal interpretado, como o de Marsílio Ficino, relaciona o amor com a morte. Ele propõe que o amor só é sentido na mente, olhos e ouvidos, e que o desejo derivado de outros sentidos não possa ser chamado de amor, mas de lascívia (sensualidade lúbrica), loucura!

jan 92

Até onde vai a decepção amorosa

VÍTIMA DA MULHER

Minha amiga falou de uma coisa engraçada que ouvia do pai, quando se deparavam com um mendigo esfarrapado. Era sempre a mesma explicação:
– Está vendo? São as mulheres que fazem isso com os homens.

fev 13

SINA

Lembrei de uma letra forte do Luiz Melodia (ou do pai dele) a dizer que "meu prazer é viver embriagado", pois "só assim esse coitado não se lembra o que passou".

Mas ouço também na voz do mesmo ídolo, sem frescura agora, um verso a dizer que de calcinha preta "você me deixa louco, você me deixa de careta".

dez 10

HIPÓTESE OUSADA

Lendo mais Fernando Pessoa, começo a achar que o cara era maníaco-depressivo, uma doença que pega na alma.

abr 01

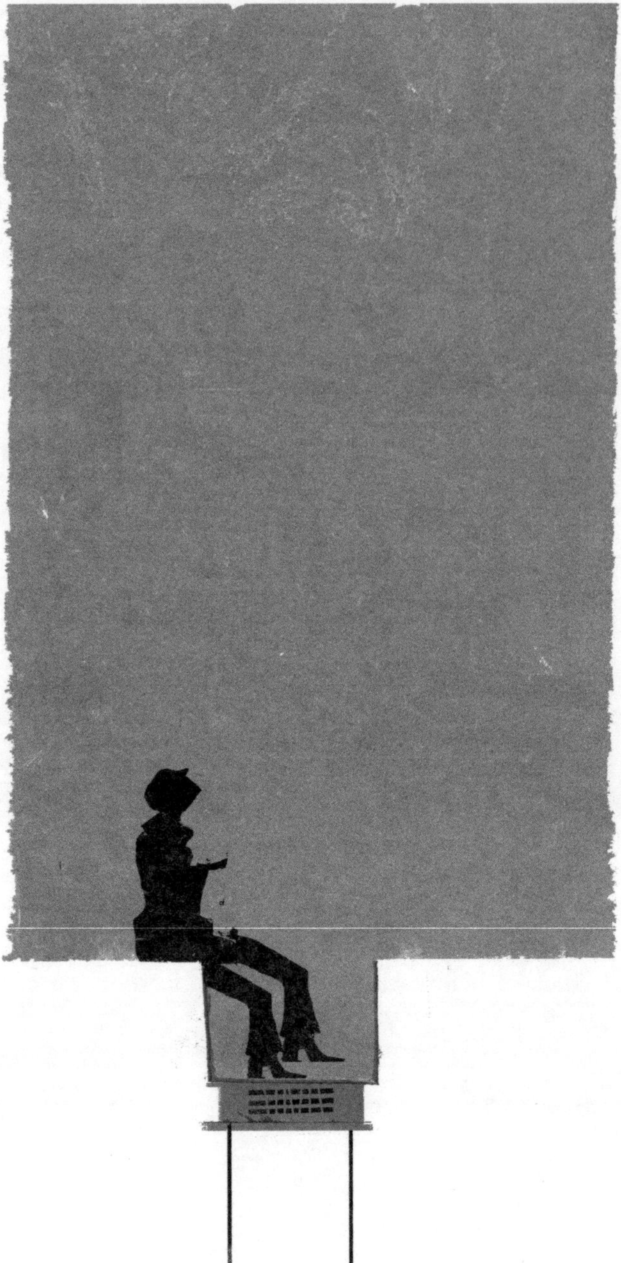

4   Concentrando no mestrado

Às voltas com uma pesquisa

SOBRE ESCOLHER LITERATURA BRASILEIRA

Tudo leva a crer que minha tese em sânscrito correria o risco, tão bem alertado por Umberto Eco, de vir a ser "usada" por outro campo, já que imposta na temática.

mai 93

SEGUINDO NA PREPARAÇÃO

São muitas as descrições que podem ser feitas de determinado assunto. As letras, assim como as imagens, são códigos de comunicação. As combinações possíveis dentro desse código são infinitas (e vivemos num universo de dimensões infinitas). Por meio da redundância se constrói um código seguro.

Existem outras relações entre texto e imagem que não são essas que estamos acostumados a trabalhar e que se estendem ao tempo integral da vida, o movimento. Imagem e texto são apreensões de dois dos sentidos mais sofisticados e próprios à cultura: visão e audição.

O que tentaremos fazer é vasculhar algo de nosso conhecimento, somar as reflexões e quem sabe atingir um sentido filosófico em nossa discussão.

mai 93

DIA A DIA NA HIPÓTESE DE ESTUDAR UM GRANDE ÍDOLO

Há coisas realmente lindas e espetaculares na obra de Caetano. Pesquisá-la envolveria um rigor científico de pouca emoção, e, no entanto, ela é grandiosa justamente porque sensível. Agora, Caetano possui a diversificação diretamente proporcional a seu repertório de músicas alheias, principalmente brasileiras, das antigas. Tem uma memória prodigiosa, e é esse o seu principal instrumento. Já minha grande quantidade de músicas na adolescência se dava pela amplitude da obra dos Beatles, não tão diversificada como seria se a fonte fosse buscada na história da música, dos diversos compositores. Idealizei os Beatles, sem localizá-los no contexto histórico.

Da mesma forma, partir para um trabalho rigoroso de produção teatral pode ser verdadeiramente útil até pela erudição, com o tempo determinado da entressafra acadêmica. E, quem sabe, nos exames eu seja bem-sucedido, podendo acumular desde já as duas funções: preparatória – organização de método e conhecimento – e prática. Tais coisas não se dissociam, podendo atuar harmonicamente uma na outra. Felicitações pelas escolhas que, desde já, são essas.

mai 93

MOMENTO DE INSTROSPECÇÃO

(Por estar mais leve, apenas recolho os pequenos pertences que garantem o mínimo de encaminhamento a prosseguir no rumo que se mostra condizente com o objetivo imaginado, que, se não é exemplar, também não seria o ideal mesmo se levados em conta todos os fatores. E para não sobrecarregar, melhor é estar feliz e tranquilo, pois o que caracteriza o ideal é não ser real. Então me preparo para estar mais próximo ao meu natural de *pensativismo* – e fugindo um pouco, "vou sendo como posso", mesmo que almeje ainda passar do normal ao "notável".)

mai 93

VOLTANDO A CAETANO

Alguém já ouviu a música do Roberto? Infelizmente ele não soube se atualizar. O Caetano pode cometer erros, mas consegue pensar muito. Há pelo menos dez compositores sensíveis e inteligentes na música popular deste meu tempo.

Talvez o veio artístico tenha sido esmagado com a evidência da falta de profundidade, mas ora ou outra se faz presente. Não me toca a insistência do seu valor, que existe enquanto gratuito, e isso nós vamos aprofundar.

"A música, antiga como os cultos..."

jun 93

CRÍTICA SOCIAL EM RELAÇÃO AO GRANDE MÚSICO

Caetano é sensível e humilde o suficiente para encarar a própria vida e frustrações como as de um homem comum, tendo consciência, pelo convívio com pessoas mais simples, que os dramas são de todos. Mas eu não entregaria a ele a sorte de ter pais tão generosos como os meus, e não daria a ele o que me fizesse falta a não ser por um acordo de cumplicidade mútua. Somos homens bons e temos coisas a somar.

jul 93

Guinada para o Velho continente

A NOVA CRÍTICA

Para a arrogância do crítico literário, a obra feita por uma pessoa de cócoras ri de quem tem juízo. Podem-se punir as sérias, esmagar-se sexualmente reconhecendo desejo por elas, e por que a luva de boxe, o aviãozinho? São fetiches ("São fetiches para os lábios... como refúgio à grande desordem em que me encontro").

jun 93

PARA QUE SERVE A LINGUÍSTICA

Nesta página, resolvo revirar o vento das sílabas, explicar para o leitor que o dicionário é o mínimo de organização linguística para um código que se pretende uniforme em todo o território. Vê-se daí o quanto estão independentes entre si som e imagem, além do que uma elite dita culta é quem maneja o leme de direcionamento para esse mesmo código, como orientação pátria.

jun 93

OBRA DE ARTE EM LINGUÍSTICA

Quando uma obra de arte tem qualidade, é unânime o seu agrado. Entra no barato da multiplicidade provável ver que as palavras são simples combinações de letras. É este o caso da língua escrita, que difere o poeta dos estudiosos: o bom poeta não esquece a sonoridade da comunicação, enquanto aquele que procura se comunicar por um código mais estável, a escrita, impõe-se a maior público no tempo.

abr 93

O MAIOR POETA DE TODOS OS TEMPOS

Retomando Pessoa, a arte se dá pela conciliação entre sentir e pensar. O pensar elabora a descrição, ou a apresentação, que se pode fazer de um sentimento. A balança pendida para um dos lados (o da emoção – um sub lado do sentimento –, no caso dos românticos) torna descriteriosa a apresentação. A razão proporciona a manutenção de uma ordem estética, a da qualidade, mas quando extremada leva à desnecessidade da arte, ao mundo frio e cego da austeridade mecânica. É o contrário da perda da razão dos românticos, que levou à decadência do indivíduo, a produtividade tecnológica sem arte.

Ligada à emoção gratuita, que se expressa sem critério, está o caráter individualista de determinados autores, como se fossem o centro do mundo, como se todas as atenções estivessem voltadas para seus traumas particulares e sentimentos ocasionais de injustiças cometidas pelo confronto das ideias. A civilização sempre se resumiu a conflitos entre tradições e inovações. As civilizações sempre se chocaram entre si, quando não entre seus componentes, passando a estar em desvantagem em relação às mais unidas. Os dramas humanos interessam enquanto coletivos, enquanto processos naturais e universais de crescimento. Interessam como aprendizado que pode ser passado a outros através da linguagem; e interessam só quando trabalhados na forma, pela razão.

mai 93

FERNANDO PESSOA E A ARTE

Não, nem sempre é assim. Para os estudiosos dos assuntos menores, também ficam em evidência os objetos de cena. Quando Fernando Pessoa escreveu sobre a arte menor da representação, estava certo, para o seu tempo e mente. Talvez o cinema, como documentação, possa mostrar se existem melhores e piores atores, se a representação tem técnica, trabalho, ou só depende de estar bem consigo mesmo, de intuição aguçada, coisas assim.

(O mérito de estar bem consigo mesmo só pode ser de cada um, mas há aprendizados sobre isso, e creio na didática.) Uma borboleta bate as asas, e sem elas não seria borboleta.

mai 93

Procurando um Novo tema

SÃO DIVERSAS AS HIERARQUIAS (A COMEÇAR PELA MÚSICA)

Onde Fernando Pessoa divide as artes em superior e inferior está talvez a chave para compreendermos melhor o que chamaremos de pororoca: o encontro das civilizações periféricas do Ocidente e Oriente. Adiantando o ponto, o encontro se deu entre civilizações de diferentes graus de hierarquização. Fernando Pessoa considera as artes de representar e de interpretar inferiores à dos autores e compositores.

Em sua época, falar de Shakespeare era unicamente citar o autor, capaz de documentar uma obra de criação, enquanto os executores permaneciam anônimos. Do mesmo modo, ficaram conhecidos apenas os compositores de música clássica, e quando muito (quando não eram os mesmos), os maestros.

É óbvio: não havia discos gravados, créditos aos executores. A moderna documentação, sobretudo o cinema, faz com que saibamos, pelo menos corporalmente, até sobre os atores. Antigamente, a consagração de um músico se dava após trilhar, entre tantos concorrentes, as possíveis aberturas de uma escada hierárquica.

jun 93

CHEGADA DOS PADRES

Entre as hierarquias que chegaram à nossa costa, destacou-se a eclesiástica. Aglutinando os poderes da cultura erudita com os da cultura sobre o que ninguém sabe, diziam-se catalisadores das boas-novas, de que o menino Jesus já havia nascido e até do merecimento pela descoberta da pólvora. Depois que o menino Jesus cresceu um pouco, foi logo constatando suas próprias descobertas e a consciência delas. Mas cresceu tanto que passou a contestar o que os padres da época diziam, de que se passou a entender certas coisas através da doutrina religiosa. Ora, crescer, amadurecer, se dá por natureza, e não, como os jovens de hoje acham, pelo uso de drogas.

jul 93

A PÁTRIA INDÍGENA

Os habitantes periféricos do Oriente – porque o mundo é redondo – foram se aproximando da periferia ocidental. Mas havia ainda um imenso oceano entre as duas extremidades. Do lado de cá, fugindo da cultura imperial inca (já hierarquizada, mas não tão duramente como, por exemplo, na Índia), povos nômades ocuparam todo o território do que hoje se chama Brasil e estavam por chegar ao chamado Maranhão, onde imaginavam que acima haveria uma espécie de paraíso deles, como terra não estável, pelo contrário, mais próxima ao caos, de informações no limite do novo.

Predominavam os tupis, que afastaram outras tribos para o centro do continente (que é hoje o centro do país). Foi um desses tupis, tão anônimo quanto é possível imaginar numa sociedade não hierárquica – uma sociedade coletivizada mas não como o éden que eles imaginavam, uma espécie de Japão –, o primeiro a ver, vindo do horizonte dos mares, um grupo de caravelas que ligou os polos nessa primeira conexão material entre os extremos geográficos das civilizações.

Vale lembrar que a própria história da civilização ocidental mostra seu grande e significativo salto evolutivo justamente quando os pensadores passam a se individualizar (dos egípcios, por exemplo, sabem-se os nomes de alguns faraós; dos gregos, de celebridades em inúmeras profissões) e não mais a andar em bandos. Mas o que mais incomodou os jesuítas foi a nudez do povo local, que agora já podemos chamar de índios, nome que vingou, apesar da falta de geografia e do erro flexional.

ago 93

LADO EUROPEU

Parece-nos que a perfeição de uma língua estaria intimamente ligada ao poderio de sua cultura. Qualquer língua se presta a expressar o máximo, e o melhor, que o seu usuário conhece. No poder de uma cultura caminham juntas a economia, as armas e a arte (em economia se incluem a saúde, alimentação etc.). Para nossa sorte, a língua portuguesa é funcional. Existem palavras que expressam todas as nossas necessidades, nessa colcha de retalhos que começou com a ascensão e o declínio imediato de uma nação de nome Portugal. Já na sua formação, a língua somou ao latim vulgar enorme quantidade de palavras árabes, para se juntarem às afrancesadas e àquelas consequentes de contatos com outros povos ainda, inclusive às deixadas no tempo anterior aos romanos.

Dessa salada, o que de mais puro sobrou como marco de origem na língua foram *Os Lusíadas*, de Camões. É a epopeia que mostra justamente o heroísmo das expansões ultramarinas, de que resulta nossa descoberta. Ora, a história do Brasil começou em 1500 ou 1822? Se éramos território português, por que considerar a literatura jesuítica, e os árcades, como nossa? Se considerarmos como nossa a literatura feita aqui, em nosso território, em nossa pré-república, então a *Carta de Caminha a D. Manuel* era brasileira. E mais do que isso, consideremos os Lusíadas – já que as navegações visavam à expansão territorial, as colônias – como nossos.

Seguindo o mesmo raciocínio, também diríamos que os romanos e os gregos eram brasileiros, e estaríamos a um passo de achar que a história religiosa que nos inspira também cabe aqui, ou mais precisamente, perto daqui.

ago 93

Mais firmeza nesse assunto

O BRASIL COLONIAL

A colonização sob o prisma das ciências exatas é um fenômeno com menos variantes que sob o prisma psicológico...

ago 93

FALA ENTRELAÇADA

A língua portuguesa chegou tarde, independentemente de ser ainda um latim vulgar. Presta-se a qualquer sociedade o balbuciar em gírias, os desaforos contra colegas, o medo dos opressores e a revolta pela incompreensão. Sociedades retrógradas como a nossa existem por todos os cantos, e haveria jeito se os prefeitos tivessem lá os seus santos.

Na Baía de Todos-os-Santos, formou-se o primeiro centro urbano, capital da Colônia. Desprovidos dos conhecimentos modernos, os "colônios" quiseram armar aqui uma microssociedade portuguesa. Trouxeram a hierarquização e a malandragem, a luta desleal e o sofrimento do catolicismo, que gerava altos entraves na relação homem-mulher. Mas foi precisamente na cidade de São Vicente, litoral de São Paulo, colada ao sul de Santos, de onde saíram as expedições de maior horror – os bandeirantes – dando alerta aos indígenas de que a invasão seria dramática, devastando-se com ainda mais violência assim que descobrissem novas tecnologias.

Do tupi restaram principalmente os nomes das regiões conquistadas.

set 93

HISTÓRIA QUE SEGUE

O que me faz iniciar, entre tantos relatos, uma tentativa de contar algo novo pode trazer a inexperiência do estilo em vários momentos de exaltação emotiva, pois é quando a razão não se sobrepõe à gratuidade das raivas e dos esforços em me manter neutro, isento para explicar de modo a apenas haver expressão sem a procura de uma linguagem universal que demonstre maturidade social, mas buscas.

Há *tipos* que não suporto. Alguns são os invasivos, que cavam até conseguir intimidade dentro de pessoas amadas. Prefiro os evasivos. Já os invisíveis, não se estendem além desse tapete de relatos; fico sabendo por fontes inseguras e nem preocupam tanto. Entre as pontes que ligam umas pessoas às outras, existem as de palha, as de madeira e as de tijolo. De maneira a se dizerem no palco, centro das atenções, menosprezam com uma ênfase que chega a enojar o pior dos fascistas, mas também enojam as pessoas sensatas, aquelas que vão atingir o seu grau de sensatez à medida que a vida lhes vai ensinando, tijolo sobre tijolo.

set 93

AINDA SOBRE O QUE ACABO DE DIZER

A porta do Recôncavo baiano será sempre o acidente geográfico onde se inicia a curva. Lá, entre os fortes da época colonial, estende-se a praia mais popular de que se tem notícia. Lá, ouvi da boca de um morador que o malandro sem pudor erra, erra, até que a vida lhe ensina – ou por meio de catástrofe, ou por estalo generoso da graça – a não errar mais.

out 93

NEUROSE DO EUROPEU

Entre as culturas, não houve propriamente um choque. A cultura europeia poderia ser a mesma da história do jovem Nala, mas não, melhor ou pior, era uma espécie de periferia, e chegou aqui atirando por todos os lados, matando tudo que havia pela frente. De tanta neurose, sobrou algum aprendizado com os que conheciam a terra havia milhares de anos (e dito assim faz parecer que eram imortais).

out 93

NASCE O BRASIL

O princípio da Sabedoria *é o desejo autêntico de instrução, e a preocupação pela instrução é o amor* (6:17)

Portugal trouxe ao Brasil maus costumes e pouca sabedoria. Apesar disso, a gente que aqui se instalou passou a adquirir costumes próprios. Já não vingavam a ganância e a crueldade. Em oposição ao português, identificou-se o brasileiro. A inveja de Portugal era tanta que numa Copa do Mundo não resistiram a contundir irremediavelmente (pelo menos para aquele campeonato) o nosso maior craque. Eles tinham o complexo de que ainda eram os donos e escolhiam o destino do Brasil. Mas foram burros e entreguistas; não souberam tirar proveito afetivo do imenso território colonizado e atolaram mais fundo do que nós.

nov 93

CONCLUI-SE QUE...

Em oposição a aqui – tolerância e harmonia –, lá restariam apenas desabafos. Mas pensam ser justo o contrário, e nem minha posição é exatamente essa (pois como declarou o poeta, "sou contra tudo que digo").

nov 93

SOBRE O TEMA DE MESTRADO

Depois de achar um livro que diz muito do que eu estava procurando, me pergunto: posso seguir essa linha mestra? Posso me abrir mais para os outros sobre meu projeto? Parece que sim, que devo. Que as coisas que hoje se diz em Antropologia foram baseadas justamente nessas primeiras impressões de que *não era de direito que se tomasse por força o que pertencia a outros*: esse imenso território.

Que hoje, quando se lê a carta de Caminha, tem-se a exata impressão do que era nossa história quando a aprendemos ainda jovens, a história narrada, envolvente, emotiva.

dez 93

RELATIVISMO CIENTÍFICO

O discurso antropológico se esgota com rapidez. Será? É uma ciência entre Sociologia e História, podendo ser apenas descritiva, ou é política? O discurso se movimenta em torno de duas questões: salvar é paternalismo, ignorar o problema é cruel. É, portanto, uma ciência humanitária. A única resposta para uma cultura querer decifrar outra é aprender com ela. Se não é estratégia defensiva, é reconhecimento de dependência, até econômica (porque da economia dependem a ecologia, a religião, a cultura).

dez 93

AINDA HÁ ÍNDIOS

Se a denominação "povos da floresta" ganhou conceito pejorativo, deu-se através da elucidação do que se acabou por dizer no inconsciente de outras teorias. Era uma concepção evolucionista, de estágios pelos quais todas as civilizações deveriam passar, supondo, quase diretamente, que há povos mais e menos avançados.

Portanto, uma expressão muito em voga nas discussões atuais de ecologia, "povos da floresta", categorizaria as populações contatadas pelos portugueses no começo da colonização.

dez 93

HAVIA MESMO UM PRÉ INTERESSE NESTE TEMA

Silviano Santiago tentou montar um esquema sobre a colonização europeia na América. Por meio de leis, que para eles eram grandes verdades, os europeus podiam questionar os costumes dos nativos e assim os definirem (a alguns) como crimes. Eles primeiro instituíam a propriedade privada nas terras indígenas, passando a colher os frutos da mão de obra explorada, e pagar em porcentagem. Recebiam de presente a companhia das mulheres indígenas, porque era uma oferta amistosa.

Mas a lei deles não permitia que os aborígenes se aproximassem das mulheres brancas, o que foi estabelecido como crime, passando a ser punível até com a morte.

(Já Adilson Citelli, falando da persuasão, esclareceu que determinados comportamentos foram padronizados, e a convenção passou a ser instituída: o monoganismo, o monopólio das drogas por parte dos médicos e da polícia, o voto obrigatório...)

out 91

A BRASA DOS BRASILEIROS...

Desde que lá do alto do mastro se disse "terra à vista", muitas pesquisas foram feitas. Desde o Tratado de Tordesilhas, das capitanias e governos, da linha imaginária.

Tensão à primeira vista: foi tesão à primeira vista; ereção à primeira vista, ou por uma sutil espiadela.

dez 93

POR ONDE ANDAM

Ainda há índios nos nossos comportamentos, nas nossas aspirações de não subserviência...

(Ainda no século XVI, os negros foram trazidos porque os índios não se moldavam aos cativeiros. Assim falando, parece racismo. Mas uma explicação teórica para isso foi dada por Darcy Ribeiro: "os negros já eram hierarquizados", e por isso aceitavam melhor que os índios a dominação.)

... nos nossos gestos cotidianos do mundo contemporâneo.

(Mas isso são explicações recentes.)

jan 94

Conciliando estudos e casamento

PREPARANDO UMA REFLEXÃO

Na praia, no caminho, o pensamento era sobre a dualidade, a velha questão de que todo conhecimento acumulado passa por dois polos: o novo e o velho, o grande e o pequeno, o peculiar e o geral. Há regras gerais, abrangentes. Há pessoas, seres, todos particulares. E há coisas que não podemos aceitar. Gosto de escrever e não me preocupo em ser objetivo.

Digamos: quando fiz o exame de ultrassom, vi que era fácil tirar daquelas imagens figuras humanas, como espíritos que nos povoam. Mas isso deixo para quem acredita: para quem se preocupa com imagens milagrosas que possam disfarçar os nossos complexos. Surtos de psicose eu já tive, mas e aqueles que tiveram e continuam tendo, principalmente ligados a seitas? A vida nos ensina a ser bons, mas há de nos defender dos maus.

out 94

SEGUINDO...

Sabe-se serem inapreensíveis os momentos de intuição (e jamais uso palavras como "insight", "self"). Sinto-me em astral leve trazido dos banhos de mar ao sol e poderia começar a escrever nessas condições, a cada vez que volto da praia. Mas precisaria bolar uma história. A do cachorrinho que vê a bola, não... a do vampirinho transcendental, menos ainda. Algo ligado ao projeto de pesquisa, romance histórico, talvez, mas sem poupar críticas aos personagens, índios (coletivos), negros, portugueses.

nov 94

... E AQUI A REFLEXÃO

Para Marcos Terena – ele, não os índios terenas; não os índios do Brasil –, na visão do indivíduo Marcos Terena (*Folha de S. Paulo*), os índios permitiriam a invasão europeia (porque era inevitável) desde que houvesse integração e trocas compensatórias. Os europeus diminuiriam suas neuroses, reaprenderiam a alegria e trariam desenvolvimento tecnológico e cultural para os índios.

Não haveria colonização sem rendição. O dilema dos jesuítas – não tão diferente dos de antropólogos, em adequá-los à nova ordem social, com a pequena condição de que aceitassem novas crenças, tão sem pé nem cabeça quanto as que já tinham – era sobre o que deveriam aprender e como deveriam se comportar. Uma pequena mentirinha, de que a cultura deles tinha a mesma origem hebreia dos portugueses, quando naquela época os oceanos eram intransponíveis, deveria ser contada para evitar a incômoda reestruturação cultural de toda uma sociedade.

O que os portugueses não podiam tirar dos índios se houvesse real interesse em preservar uma cultura híbrida? As terras. Nesse caso, não haveria colonização, a colônia, o reino e a república; só a manutenção do que já existia. E se errados fossem os colonizadores, errados seriam os imperialistas atuais, detentores de uma cultura mais forte e rica, capaz de puxar a nossa para o lado desenvolvimentista, predatório, incerto quanto ao futuro, mas mais evoluída que esta.

fev 94

DECEPÇÃO COM UM CURSO EM ESPECÍFICO

A impressão que me passou hoje o curso foi de muita discussão teórica e uma total falta de conteúdo. Pior: de que a professora não tem conhecimento dos critérios da taxonomia científica, crendo numa arbitrariedade ocasional, quase experimental. Não digo isso por maldade ou convencimento. A professora é inteligentíssima, competente e dominadora dos conhecimentos em sua área; apenas me passou a impressão de julgar que as outras áreas da ciência orbitam tão em si mesmas como a Antropologia, o que não é verdade, embora partam de "pré-supostos" (ou instrumentais) também convencionados, como os números, no caso da mais exata das ciências, a Matemática.

O código matemático é sintético, diferente do detalhismo da Retórica, principal instrumento da construção de noções no século XVI, ainda mais quando barroca.

A aula só serviu para viajar em torno da complexidade dos seres vivos, dentro da qual (em um tipo deles) se desenvolve a complexidade das culturas, mas não trouxe nada objetivo ou de interesse à pesquisa, que não sirva apenas para abrir a boca ao pensar na riqueza existencial de muitos temas, ou seja, algo como conversas paralelas.

(Não estou cheio de mim, mas ando com muitos problemas. Se estou decepcionado com a USP, ou ao menos com esse curso, não significa que tenha controle maior sobre ele; pelo contrário, sinto uma intimidação da qual não tenho culpa; muitas vezes sei até melhor aonde se quer chegar, mas me imponho o silêncio, mesmo porque quando começo a falar, parece que a censura me impede.)

mai 94

IDEIA NACIONALISTA

Completamente descabível o editorial da *Folha* questionando a extensão das terras indígenas, na semana em que repercute a chacina. Devem-se questionar, sim, as enormes "propriedades" multinacionais na região amazônica, comparando-as em demografia com os conglomerados urbanos do Sul. O processo de colonização no Brasil seguiu três passos: expulsão do povo que ocupava a terra, instituição da "propriedade", opressão sobre os destituídos.

Se o capitalismo selvagem não reconhece como argumento de direito ao uso da terra o fato de ter pertencido aos antepassados de um povo – alegando que, apesar disso, esse povo hoje não seria produtivo –, também deveria lembrar que: (1) a pirataria dos garimpeiros favorece o mercado internacional em detrimento do interno; (2) a maneira predatória como é executada inviabilizará a economia na região amazônica.

ago 93

CRÍTICA A LÉVI-STRAUSS (QUEM DIRIA?)

Devo confessar, apenas para mim mesmo, a decepção que tive ao retomar a leitura de O *Pensamento Selvagem*, por ser ultrarrepetitivo: está na cara que seres humanos que habitam as florestas conhecem melhor os seus recursos e, por conseguinte, convencionam mais detalhadamente os nomes e as classificações do que nós.

mar 94

ROTINA DE PÓS-GRADUAÇÃO

Está tudo calmo para o recomeço de um dos cursos da pós, no qual cada um deverá expor seu tema de pesquisa. Já tenho algo a falar sobre uma espécie de repulsa causada pelos documentos que mostram como era a doutrinação dos índios, mas não quero parecer preconceituoso; não quero parecer limitado às ideologias que romanticamente eu possa adotar.

Vê-se que agora há tempo propício para ler algumas coisas, e hoje o assunto são as tribos equatorianas. É preciso sobretudo não me desesperar; batalhar por um espaço de estudos e aprendizados mais a fundo. Deve estar à mão o xerox da aula de hoje, e "vou dar uma conferida" (inversão de tempos que o Bosi critica).

Sobre o que são invariantes da mente humana, conceitos explorados não só pela Antropologia e pela Psicologia (fragmentações cada vez mais especializadas do pensamento), devo confessar que a leitura de tal livro é um tanto difícil, e talvez o material de fora supra alguma frustração. Há muitas coincidências com a cultura indiana.

abr 94

Algumas elucidações

CONTEÚDO DESTE MESTRADO

O assunto não é original, o instrumento (fontes) já serviu a análises principalmente históricas mas também etnológicas. Na verdade, o tema proposto não pode ser mais que uma metainterpretação: interpretação do autor moderno das interpretações que os antigos fizeram dos índios.

nov 96

CARTA DE CAMINHA OU: A EUROPA NEVRÁLGICA

Precisaríamos vasculhar todo o contexto político europeu para entender como era permitido ao Papa Júlio II dar legalidade à posse, pelo Reino de Portugal, sobre o território que, através do Tratado de Tordesilhas, veio a ser a costa brasileira.

O Tratado em si já daria margem a interpretações linguísticas, sociológicas e outras que fogem ao campo desta pesquisa: os documentos que foram produzidos aqui e evidenciam uma intervenção direta dos portugueses na nova realidade.

Tanto o poder religioso quanto o estatal legalizavam a posse, o comércio e a matança de seres humanos, como podemos verificar em múltiplos documentos. Alfredo Bosi chegou a dizer que os portugueses foram reinventores da escravidão, sistema de relação que já estava em desuso na Idade Média, sendo largamente substituído pelo sistema servil.

Haveria aí também uma discussão interminável sobre o que é escravidão, sobre a relação de diversas sociedades com seus prisioneiros, ou mesmos os sistemas sociais vigentes. Mas o tráfico de prisioneiros já seria assunto mais específico.

set 93

ESCRAVISMO

Segundo Darcy Ribeiro, a necessidade de trazer escravos da África foi realmente a inadaptação dos índios ao escravismo, por uma questão cultural: diferentemente dos africanos, os índios não conheciam (ou praticavam) a hierarquia. A explicação, aparentemente simplista, teria de ser acrescida à mentalidade mercantilista portuguesa: era mais barato, ou prático, trazer escravos africanos do que aproveitar os nativos.

Os portugueses tentaram, e muito, transformar os índios em escravos, sendo esse um dos intuitos declarados de muitas expedições. A sociedade, uma parte de Portugal que se pretendia instalar aqui, era, portanto, escravocrata, aproveitando-se dos nativos como escravos.

Mas, então, o que pretendiam os jesuítas? Pode-se pensar que não havia um projeto executivo na formação da Colônia, feito por uma só pessoa, mas muitos vetores ligados a correntes de pensamento, de prática econômica, forças diferenciadas que compunham um Estado em movimento, como estavam em movimento outros Estados, e como estiveram sempre em movimentos todas as coisas – e podemos estudá-las apenas por suas partes, estabelecendo campos teóricos de interação.

Como vimos, a autoridade religiosa, através de bulas, tinha poder, mediador ou unilateral, de estabelecer fronteiras: dividir o mundo não europeu entre os Estados. Sabe-se que a própria Igreja, o mais conservador dos poderes, estava em processo interno de cisão. Diferenciar e sistematizar todas as ordens internas do poder religioso seria também uma tarefa árdua, e vamos então nos deter à ideologia jesuítica.

jul 93

JESUÍTAS

O interesse pela interação humana no século XVI vem talvez de sua condição de primeira raiz em nossa sociedade. É claro que os que aqui estavam já possuíam cultura e história, assim como os que aqui chegaram. Não se desvincula a história do Brasil da do resto do mundo, apenas fica estabelecido um ponto nevrálgico histórico e social.

A Companhia de Jesus só chegou ao Brasil em 1549. Antes disso, nos moldes do Tratado de Tordesilhas, a necessidade europeia de colocar no papel suas posses antes da conquista dividiu a costa em faixas horizontais, as tais capitanias hereditárias. "A terra imemorialmente possuída já estava mapeada a distância, como para uma cirurgia, mas os índios não sabiam de nada."

O início efetivo da colonização se dá com o primeiro Governo-Geral, de sede na recém-fundada Cidade do São Salvador, coincidindo com a chegada dos jesuítas.

ago 93

COMO COMEÇOU A CIDADE

No centro de São Paulo, hoje um dos maiores conglomerados urbanos do mundo, mostra-se restaurada a fachada do que foi o seu nascedouro: a capela jesuíta da escola para meninos índios, de 1554. A despeito das intenções oficiais, o local é hoje decadente, incapaz de atrair transeuntes ou permitir comemorações de peso. Mas há um balcão onde se vendem cartões-postais e livros, em especial as cartas jesuíticas, em que se conta até hoje uma versão oficial da História, provavelmente diferente daquela que seria contada pelos descendentes dos que habitavam antes o continente invadido.

out 93

Excesso teórico

MUNDO REPRESENTADO

Como diferenciar o que é cultural do mundo em si? Na natureza existem rios, montanhas, planetas, ou são também eles conceitos generalizantes? Uma montanha se desvincula da paisagem? Em última instância, estaria tudo vinculado ao processo da linguagem. A linguagem categoriza pelo simples ato de dar nomes. A linguagem é a base de qualquer cultura. A linguagem, pela sedimentação do código, faz crer que determinada coisa é a coisa. O som que a representa, ou a sua palavra escrita, ultrapassa rapidamente toda a sua conceituação.

Se na época dos jesuítas não se usava a expressão acadêmica "arbitrariedade do signo", já se supunha antiga a discussão filosófica dos gregos entre "*phúsei--orthós*" e não "*orthós*". O que não se supunha para os jesuítas é que também a religião pudesse ser uma convenção, apoiada em palavras escritas, aceitas como verdadeiras pelo seu grau de envelhecimento. O que não se punha em questão era se, justamente pela sua antiguidade, as palavras pudessem ter uma dinâmica de sentido que as afastasse do texto escrito, ou que na dinâmica histórica pudesse haver evolução de conceitos.

A escrita em língua portuguesa, feita da esquerda para a direita, de cima para baixo, com suas inúmeras regras morfossintáticas, era uma convenção aceita pelos portugueses, e, apesar de se diferenciar de outras possíveis conhecidas deles, era algo quase naturalmente assimilado. Possivelmente supunham ser parte da graça divina (e o que não é?), exatamente como deveria. Podiam supor que os gestos rituais, as vestimentas dos padres, não eram convenções arbitrárias, mas as únicas possíveis. Algo tão conservador como a cultura religiosa deveria parecer ter sido sempre igual.

set 93

SALADA DE ASSUNTOS (AINDA LIGADOS À ORIGEM BRASILEIRA)

Sabe-se que entre indivíduos de uma mesma cultura moderna pode haver opiniões bastante variadas sobre os diversos assuntos.

A época colonial do que podemos chamar de Brasil, em especial o seu início, tem como característica uma cultura de extremo apego às tradições. Três grupos importantes fizeram parte desse processo inicial (de ruptura) em relação ao povoamento: o que já estava (e foi depois generalizado como "índio"), o que chegou como dominador (e podemos generalizar como "português") e o que veio trazido como dominado (generalizado como "negro"). Sobre o primeiro, praticamente tudo que podemos deduzir é a partir da visão que teve o segundo, único a nos legar vasto material documentado sobre os três grupos.

E sobre os portugueses, para ilustrar a afirmação feita de início no parágrafo acima, façamos um salto à época do Arcadismo, dentro da teoria em que se defenderá como principal literatura aquela representada pela poesia de Cláudio Manuel da Costa. A própria poesia estava tão presa à tradição que não se podia vislumbrar uma paisagem e falar sobre ela se não fosse comparável àquela já tão experimentada por outros: a geografia lisboeta.

Também o índio, como hoje em dia, estava preso e dependente de suas tradições (isso na visão da época moderna, quase caótica em tradições). Uma impressão que se tem do nível de complexidade linguística é que houve um lento processo pré-histórico no indo-europeu que passou a ceder à simplificação com o advir da escrita. Pelo ângulo etnocêntrico europeu, o índio não chegou a atingir tal grau de complexidade, já que o tupi é direto e objetivo como o inglês, sem o rebuscamento latino do português.

Outra questão que não se coloca é sobre a consciência prévia ou não da existência das terras que foram invadidas: seria o mesmo que questionar o conhecimento tecnológico que adveio com a Revolução Industrial, se só passou a ser utilizável por conjuntura econômica.

dez 93

ANÁLISE PESSOAL

Embora me depare com um tema exaustivamente explorado, o da polarização entre os relatos, que colocam os índios sempre como bons ou maus, talvez seja mesmo uma maneira eficiente de se passar a limpo todo o material pesquisado.

O que acontece – e não à toa os autores modernos substituem as palavras "colonização" e "conquista" por "invasão" e "genocídio" – é que, passados quinhentos anos de História, os dados acumulados registram fatos resultantes do confronto étnico (cultural) como uma pura e imensa aniquilação. E não se julgam aqui valores morais, éticos, emocionais, mas a realidade dos fatos.

Parece até uma guerra abertamente declarada, mas ela não foi. Não foi, ao menos em todas as extensões, porque não havia unidade entre os vários povos, menos ainda alianças fortes, tecnologia ou grande variedade estratégica. Supõe-se, por pura analogia, que o desequilíbrio permitiu a entrada dos portugueses de modo fácil, pois não havia uma identidade abrangente, o nacionalismo, nem mesmo nação. Não havia Estado. A pura analogia refere-se a exemplos históricos: os gregos contra os persas, a desunião que a Inglaterra provocou nos povos árabes para permitir a conquista, e inúmeros exemplos, mesmo modernos, quando se fala em fatores de civilização sólida, economia (o MCE), código escrito, militarismo.

Outra coincidência: o éden era prometido aos fortes e corajosos, como prega o Bhagavad Gita indiano: não fugir à luta. Por trás do perdão proposto por calvinistas e católicos estava a rendição, a aculturação com permissão de entrada na História pela porta dos fundos, de impossível compreensão para quem não conhecia a hierarquia. E a tentativa culinária de agregação por outras etnias disparava desigualdades.

Viaja o pensamento europeu, até virar *caso de polícia*, que era a imposição do Estado, força maior, de acesso à economia mundial.

E, no entanto, somos brasileiros, reconhecidos por língua e futebol, já distantes e desprovidos de culpa, porque em matéria de culpa, ninguém do mundo escapa; os que vieram depois também descendem de povos que cometeram histórias sujas e desprovidas de sentido. Mesmo os que têm ciência e uma boa retórica não explicam o sentido da vida ou da matéria, expressando pela poesia as vagas sugestões do porquê, ou dos embaraços que todos sabemos, ligados ao processo que nos criou e transforma. O "bem, belo e verdadeiro" é sensível e constrói *utopias*.

ago 93

IMPORTÂNCIA LITERÁRIA DOS JESUÍTAS

Estudar a cultura jesuítica do século XVI talvez tenha mais valor histórico do que literário. Elementos fortes na adequação da sociedade europeia ao novo continente (processo em que a escolha de palavra já direciona qualquer análise: "colonização", "invasão", "formação de sociedade"), os jesuítas produziram aqui o que se poderia chamar de primeira literatura: autos de catequização.

Porém, não se pode creditar a José de Anchieta um germe que influenciaria o nosso destino literário, como se poderia, como exemplo, no século seguinte creditar a Antônio Vieira. Anchieta pode ser visto como um acaso criador, marginalizado da História, palavras de uma cultura extremamente rígida – a jesuítica – e influente na sociedade, mas desprovido de expressividade na construção da cultura literária. Mas o que seria então a literatura brasileira do século XVI?

No mesmo patamar de Anchieta estaria Bento Teixeira. Sua publicação é de 1601, mas levemos em conta que toda sua produção e vida são quinhentistas. Não há qualquer traço de desvinculação da cultura europeia em sua obra. O mesmo se poderia dizer de Anchieta em relação a algo até mais específico, a cultura dogmática. Pertenceriam os dois, desse modo, à própria literatura portuguesa, já tão marginalizados geograficamente que seria difícil atribuir algum peso ou valor. Mas há uma diferença temática, ou melhor, instrumental: Anchieta fala também do que vê; enfim, a nova paisagem. E a nova paisagem, para nós mais bela, é povoada de novos portugueses (oficialmente o novo território é português), que têm costumes até então inconcebíveis para a Metrópole (a menos que fossem postos de um mesmo lado todos os povos contatados pela expansão ultramarina).

out 93

CONCLUINDO

Algo de brasileiro em literatura talvez possa ser detectado só no século seguinte, com as sátiras atribuídas a Gregório de Matos. Não é, portanto, o aspecto literário o que se pretende extrair de José de Anchieta, mas talvez o lado linguístico, social e cultural. Dessa maneira, estão em pé de igualdade outros documentos descritivos: as cartas de Manoel da Nóbrega, as de outros padres e, numa contrapartida neutralizante, as de diferentes viajantes.

out 93

TALVEZ FOSSE MELHOR NÃO DOUTRINAR

Pela lógica jesuítica, se o índio não soubesse o que era pecado, não poderia ir para o inferno. Mas se soubesse, e mesmo assim o praticasse, já não escaparia de punição.

Por essa lógica, talvez o melhor fosse não saber nada além do que já sabiam, continuando a viver assim, em inocência. Mas deve haver (com toda certeza) alguma explicação teológica, até antropológica, mostrando a necessidade (ou vantagem) desse esclarecimento, pois de outro modo a doutrinação não faria sentido.

mai 11

Querendo dar o passo seguinte (doutorado)

ESTUDANDO A ÍNDIA

Os estudos sobre o Vale do Indo estão apenas no começo, mas me interessando a ponto de imaginar um belo trabalho, que vá trazer benefício intelectual e até social.

jan 00

ARTE E INTELECTUALIDADE

Saber diferenciar o aprimoramento intelectual do artístico já é em si uma dificuldade para diversas pessoas. Não é preciso ir longe. Poderia citar meu amigo de banda, que tem critérios muito maleáveis para avaliar o tipo de arte que criamos.

Começar a ler uma tese de doutorado (tratando de entendê-la, o que é bem mais difícil) assusta pelo que se apresenta de imediato em termos de *rigor* e *objetividade*. Depois desse amigo, eu citaria outra pessoa próxima que é assumidamente artista, havendo contradição em suas ideias ao querer dar caráter político, pretensamente intelectual, à arte que faz. E perde-se em dispersões quando, além do caráter *travestido de sociológico*, mistura-se religião à arte cênica, ficando à mercê de impulsos alheios não reconhecidos pela organização de um saber metodológico.

Voltando ao amigo da banda (e ao baterista, por extensão), vê-se que o nosso tipo de música *pulsante* (mais rítmico e de exploração do volume sonoro) se justifica mais em idades de rebeldia. Seria muito difícil explicar que *muitas revoltas que ainda temos (*as minhas, mais reprimidas, por assumir a impossibilidade de compreensão das inúmeras questões envolvidas em cada caso) *não vão ajudar a resolver os problemas em discussão*, tanto interiormente (não deixar que eles nos perturbem) quanto na realidade social (já que *os problemas maiores são decorrentes da intervenção humana na natureza*).

ago 06

INCOMPREENDIDO PELO FATO DE QUERER FAZER DOUTORADO

Diante da pergunta da *psicóloga* (e até de minha musa, Dri) de *"por que fazer o doutorado; pretende seguir carreira de professor?"*, respondo que a princípio sim, se abrirem-se portas nesse sentido. Meu talento de escritor pode esperar quatro anos, e mesmo se conciliar com a carreira acadêmica.

ago 06

"PASSEI NO DOUTORADO!" – UMA TRAJETÓRIA PESSOAL

A perspectiva de fazer o doutorado é boa, *extremamente feliz*, mas me preocupa que eu consiga a tempo *melhorar meus hábitos*, ler, ler e interessar-me pelo que é bom, verdadeiro e real.

Essas foram palavras de otimismo, para compensar meu imobilismo. Mas calma...

Dou um conselho: meus primos estiveram mais protegidos na redoma familiar, de muito conforto e valorização de cada indivíduo, mas também não tiveram a experiência de uma USP, a experiência de um relacionamento público, outra boa perspectiva que se abre.

Revisão: não só os conceitos "pré-fixados" (bebedeiras etc.), mas até aqueles *"vícios"* que parecem difíceis, como *o olhar erótico que desperta sensualidade* (normalmente gasta em si mesma), acho que, quando vier a redescobrir *o prazer sexual com a pessoa que se ama*, isso tudo mudará.

nov 06

Também um Novo tema

IMENSO PORTUGAL DAS AMÉRICAS: SAUDOSISMO

Até Fernando Pessoa sente saudade, ufanando-se daqueles tempos em que mal tínhamos nos formado e já éramos uma grande potência mundial.

Lembra o historiador da arte que fomos *o primeiro império marítimo desde Cartago e Roma*, "agora em escala planetária, com uma rede de fundações interligadas em fluxo constante por rotas regulares (as *carreiras*)". Os cenários já não eram os continentes, e sim os oceanos.

No lado de lá, estendia-se o *Estado da Índia* (1504) do Índico ao Pacífico, e no de cá, os Estados *do Brasil* e *do Maranhão* mais todo o espaço atlântico das ilhas dos Açores à costa do golfo da Guiné, Mina e Angola.

mar 06

ESTUDO ACADÊMICO

Trata-se em resumo:

* De uma nova linha de pesquisa, liderada ("capitaneada") pelo professor Rafael Moreira, de Lisboa. Seus seguidores no Brasil são justamente os professores Mário Henrique e Beatriz Bueno, que já deram os passos iniciais. Ela enfoca as fortificações não mais pela contextualização geopolítica (ou outras), mas por uma linha historiográfica que vasculha a formação e a interlocução dos profissionais envolvidos.

out 06

SOB O MESMO SOL (ARQUITETURA DE GUERRA NA ANTIGUIDADE)

Arte e Arquitetura, assim como Letras e Música, existem desde tempos muito remotos, e na Antiguidade puderam se aperfeiçoar em períodos de maior pausa entre as guerras. Digo, a Arte sempre se fortaleceu no pós-guerra, que dava a ela segurança e incentivo para que pudesse prosperar.

Dito de outro modo, a Arte se dá ao término da guerra, que é quando se volta à possibilidade de fazê-la ao som *explosivo* (quando se pensa nos tipos de articulação estudados pela Linguística) da *Paz*.

mai 07

EVOLUÇÃO NO COMBATE E SALTO DE QUALIDADE

De dentro da espécie humana, sabemos que não haverá cidade sem seu sistema de defesa: a humanidade nunca foi e dificilmente será uma só, sendo a maior ameaça as outras humanidades. Como todas as espécies, já nasceu lutando entre si.

Saltos quantitativos se deram por conflitos nas civilizações egípcias, mesopotâmicas e na consolidação do império persa, quando se desenvolveram exércitos munidos de cavalaria, armas e armaduras metálicas. Manteve-se ali o processo em que cada povo assimilava técnica e conhecimento dos rivais, o mesmo se dando na Índia, no extremo Oriente, depois no México e em todo o mundo, com maiores e menores diversidades e defasagens conforme a frequência de trocas e conflitos.

Nesse processo de interação e rivalidade entre humanidades também houve grandes saltos qualitativos, porque junto à evolução técnica e de defesa (vindo a reboque), passou-se a um novo patamar cultural que se expressa na Arte e conhecimento da essência humana, em especial a Filosofia.

set 07

PENSAMENTO VOLTADO À ACADEMIA

Há uma questão básica a demonstrar: toda a defesa de Salvador foi construída obedecendo rigorosamente a uma linha teórica desenvolvida em Portugal ao longo de mais de três séculos, o que se expressa notadamente nos tratados de Arquitetura produzidos nas escolas de fortificação e formação dos engenheiros e arquitetos militares.

Mais: esse conhecimento teórico atingiu excelente nível, sendo a maior prova disso o imenso território conquistado por esses portugueses, a ponto de poder moldá-lo à sua imagem e semelhança e resistir aos ataques das mais poderosas nações da época.

E assim se poderá dizer, mais tarde, por um poeta legitimamente "brasileiro":

> Eu me refugio nesta praia pura
> onde nada existe em que a noite pouse

A referência dos antigos já não pôde valer para a Arquitetura Militar, porque o desenvolvimento tecnológico foi muito mais acentuado que nas outras áreas.

jun 08

ORA POIS

Estudando o urbanismo colonial, entende-se por que toda cidade portuguesa tem a sua *Rua Direita*, que muitas vezes é torta, mas leva *diretamente* à Praça Principal, à Casa da Câmara, à Casa dos Governadores...

jul 08

MAIS A DIZER SOBRE ESSE TEMA TÃO ESPECÍFICO

Uma grande autora, de nome Beatriz (para não dizerem que estou inventando) defende a ideia de que "todo o urbanismo colonial atende a necessidades militares". O Urbanismo era uma questão estratégica, trabalhando-se com os mesmos desafios do atual arquiteto urbanista e havendo um programa de necessidades muito específico (áreas para treinamento de tropas etc.)...

> *A proposta inicial deste trabalho, de encontrar influências italianas nas fortificações de Salvador (diretas, pela contratação de profissionais, e indiretas, pelo desenvolvimento do desenho arquitetônico com base no que era produzido na Itália) foi repensada ao me deparar com estudos já bastante aprofundados sobre este tema, feitos no Brasil (Mendonça, Lemos) e em Portugal (Moreira, Teixeira & Valla). Partiu-se então para uma apresentação mais abrangente das principais fortalezas de Salvador, que inclui...*

dez 08

IDEM – PENSANDO EM COMO PESQUISAR

Ciente da minha *mente atormentada*, arrisco pouco e não me exponho. *Deixo-me dedicar ao trabalho intelectual*: ok. Mas o trabalho avança conforme o interesse. Fichar, e assim esquecer os problemas do mundo, de fato contribui. Lá na frente, serão informações *importantes* as que vou aqui colecionando. E como vencer a dificuldade em pesquisar de verdade nas instituições especializadas? Tenho um palpite: ir até lá como que a conferir tudo o que foi pesquisado pelos mestres (em especial o da Bahia). Assim, sim.

jun 08

Agora faltando pouco

ARTE x INTELECTUALIDADE

O fato é que ontem eu quis e consegui me dedicar mais aos estudos e isso *me trouxe moral*. Sou autor do livro dos bichos? Sim, mas aquilo exigia dedicação e abrir mão de esforços intelectuais. *A arte é mais festiva*. Talvez também socialize melhor, anestesie a solidão por diminuição da inteligência. Se acho o máximo a "intelectualização"? Não, e principalmente tenho consciência de que a minha é limitada. E que muitas vezes não adianta ter razão, porque vale mais a capacidade comunicativa (vide a demagogia da maior parte dos políticos).

jun 08

REFLETINDO SOBRE A TESE EM ANDAMENTO

Uma *história das fortificações* da Bahia poderia retroceder à *história da técnica* da humanidade, começando pelos artefatos de guerra descobertos em pesquisas arqueológicas, primeiro no Oriente Médio e depois no Ocidente. Já com menos especulações sobre a origem e a difusão dos conhecimentos técnicos que chegaram até os nossos dias, passaríamos pela literatura grega em suas descrições feitas por Homero da mais conhecida Guerra de Troia.

Aí já não se cometeria enorme exagero: a organização do conhecimento teórico sobre construções militares se proliferou a partir do Renascimento, tendo como fonte primordial, em que beberam todos os tratadistas, os *Dez Livros de Arquitetura* escritos por Vitrúvio, nos anos vinte antes de Cristo. O tratado romano, por sua vez, cita sem parar o conhecimento desenvolvido pelos gregos, civilização em que se deu o primeiro grande salto qualitativo do conhecimento em todas as áreas, sejam a Filosofia e a Arquitetura, como também a da guerra.

O segundo grande salto é justamente a cultura renascentista desenvolvida inicialmente nas cidades italianas, que teve a sua continuidade na expansão ultramarina dos portugueses, na revolução política dos franceses e na revolução industrial dos ingleses.

dez 08

8 HORAS AO DIA

Aprendizado básico de quem não teve a oportunidade de um trabalho digno (como a Cláudia teve), mas supriu isso pelos estudos: o dia útil se divide em quatro períodos: 8 às 10, 10 às 12, 14 às 16 e 16 às 18h. A sensação é boa quando em cada um deles é possível adiantar um ou outro projeto. No doutorado, tenho a possibilidade de aproveitá-los os quatro, e por isso a aflição das interrupções ou necessidade de outras atividades (terapêuticas, medicinais etc.).

out 09

A ESCRITA CRIATIVA EM COMPASSO DE ESPERA

Imaginar que no futuro eu acabe de tomar café (hoje mais uma vez na Pioneira, onde tive um encontro afetuoso – e importante – com a psicóloga Marina) e venha logo a esse programa, tela, pasta de anotações, *já com um projeto literário grande em andamento*, tem seu lado de otimismo e seu lado realista.

Não é porque nesses dias de Natal, pós-entrega de um material importante ao objetivo maior do doutorado, eu não tenha me inspirado (embora tenha sensações de amor, ontem até pela gerente, às vezes pela operadora mais jovem da empresa familiar, e certamente voltarei a ter quando vir a Dri – ou boas sensações de pele aflorada, agora muito mais reais) a escrever sobre coisas profundas que já não veja graça em dizer.

Ao contrário, assim como não posso agora adiantar o próximo trabalho de música cantada (mantendo a certeza de que vou gostar de fazê-lo em meados de 2011), também não posso, ou não quero, *gastar emoções e raciocínios* com coisas que seriam (dignamente) interrompidas *em razão de uma causa maior* (doutorado), com a qual estou realmente *satisfeito*. Pode parecer que esteja a fazer este registro por insegurança, para me certificar dos meus planos, mas acho que é também pelo *prazer em escrever frases*.

dez 09

DISCUTINDO COM O MAIOR CONHECEDOR DAS FORTIFICAÇÕES LUSAS NO ALÉM-MAR

A *Cidade do Salvador* foi representada cercada de muros em uma estampa de 1604-5. Mas não existe documentação desenhada ou escrita que permita a conclusão de que houve ali uma muralha já nessas dimensões nos primeiros anos de sua fundação. Assim, nenhum argumento pode ser considerado definitivo.

Se por investigar todas as possibilidades (e assim embasar meu parecer, em vez de simplesmente "comprar" uma ideia defendida), passo a ser taxado de teimoso, então realmente não vale a pena persistir na discussão. Da mesma maneira que você ensina a não seguir cegamente o reconhecido erro de Teodoro, prefiro não deixar em branco uma possível crítica à sua proposição.

Acho que não sou eu quem se fecha sobre uma ideia improvável para defendê-la a unhas e dentes. Nóbrega não era um jovem rebelde, mas o chefe dos jesuítas, inaugurando a ação de uma nova ordem religiosa nas Américas. Pode-se dizer até que foi o principal intelectual da Cidade, nesses primeiros tempos de fundação.

set 10

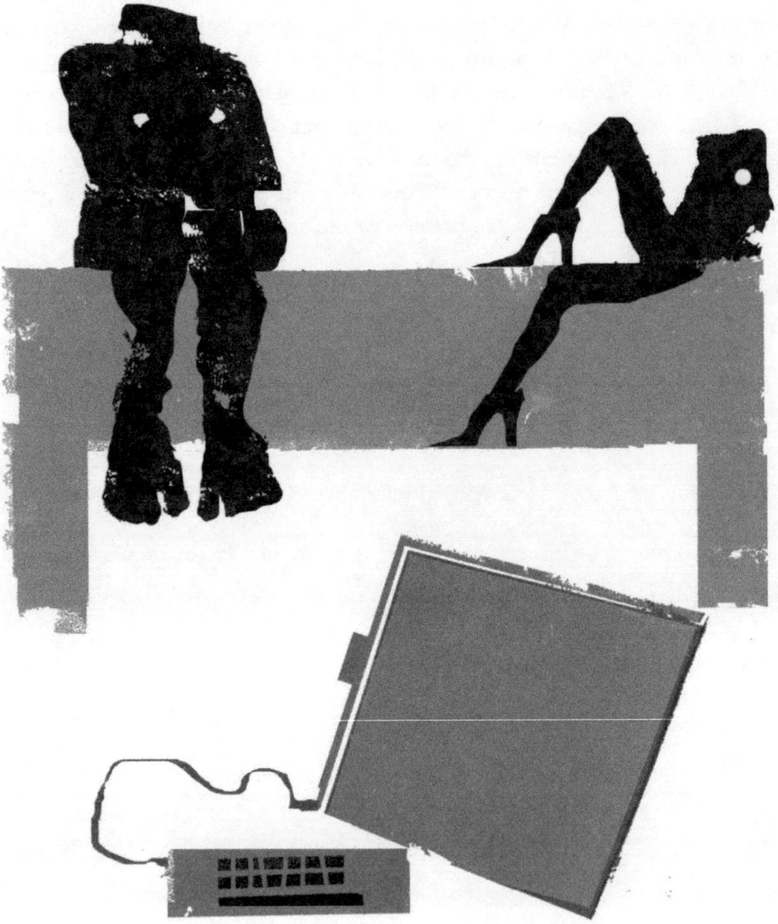

5   Algumas leituras

Autores franceses

CAMUS, SENSACIONAL

O Primeiro Homem, de Albert Camus, é um livro comovente. Foi deixado incompleto pelo autor e só lançado cerca de cinquenta anos depois.

Para ressaltar o aspecto de "incompletude", foram incluídas suas muitas anotações feitas em caderno, e isso também me interessa: mostra que as possibilidades de estrutura geral eram muitas, e até os nomes de personagens variam.

O que é mais bonito em Camus é a própria escrita: uma vez determinada a ordem da história (e a própria história, inspirada na sua), ele deslancha como grande mestre das narrativas que é, com suas descrições, associações, lembranças de sentimentos etc.

nov 03

APRENDENDO COM DESCARTES

Descartes – Meu pensamento adulto quer se libertar de apreensões adquiridas, desde a infância, por sentidos sem compromisso com a razão. Assim, devo duvidar de todo conhecimento que transpareça o mínimo de incerteza.

A simples dúvida, porém, não pode orientar minhas decisões, que muitas vezes precisam ser tomadas com rapidez, baseadas apenas no que é verossímil. Cada decisão (imposta pela razão), uma vez tomada, deve ser considerada correta.

Meus sentidos estiveram enganados em várias ocasiões, pois assim como o sonho, o pensamento faz associações livres, sendo preciso duvidar da maior parte delas.

Mesmo a Matemática, a mais pura das ciências, não traz verdades definitivas (como demonstraria Einstein, três séculos depois), precisando continuamente ser testada e aprimorada.

Acreditar em Deus faz supor um conhecimento Absoluto do qual estamos sempre nos aproximando ou distanciando, movimentos aos quais também está sujeito o ateu em relação à verdade científica (tornando-se dúvida inútil a de escritores como Saramago sobre a bondade de um Todo-Poderoso que estaria sempre disposto a nos enganar, já que a condição é de livre-arbítrio – liberdade e não necessariamente felicidade, esta, sim, uma proposta abstrata).

Duvidar é pensar, admitindo existência de coisas, e pensar não existir é ilógico.

Pode-se reconhecer a existência de alma (ou psique, pensamento) como precedente à do corpo (figura espacial, extensiva), que pode ser colocada em dúvida (daí as ficções sobre realidade virtual).

(A palavra é sintagmática, enquanto o desenho é imediato, com ordens livres de leitura). Para Descartes, no pensamento por palavras cabe: "compreender, (...), querer, imaginar, (...) sentir" (p. 55). Ao ver ou caminhar, afere-se a própria existência. Ao pensar, ou mesmo ouvir, a atividade mental, para Descartes, não prescindiria do corpo (mas ela é, necessariamente, orgânica).

jan 01

PROUST

Em uma pequena leitura do ensaio sobre Proust (duas páginas, talvez) já vieram algumas identificações: a persistência, insistência, necessidade de interpretar e analisar a vida, fazer relações maiores entre as coisas...

Mas há uma diferença evidente entre o meu processo e o do grande escritor francês, que nunca estaria a meu favor: o sentimento de injustiça, de que tudo que eu faço seria muito melhor se as condições (psicológicas, principalmente) fossem melhores.

Percebo pelo grande número de ideias começadas, de trabalhos de qualidade muito superior aos de artistas da moda (e "Titãs" é só um exemplo) que, no entanto, recebem todo o tipo de bajulação pelo pouco que produzem.

mai 13

Alemães

UNIVERSO GEOMÉTRICO

Kepler, tentando demonstrar uma harmonia perfeita na criação do Universo (harmonizando inclusive divergências com os dogmas religiosos), imaginou a simetria geométrica como referência básica da natureza:

* O triângulo é a primeira figura da geometria (início pela forma bidimensional, p. 47).

– Imediatamente, tentei inserir no intervalo seguinte entre Júpiter e Marte um quadrado, entre Marte e a Terra um pentágono, entre Terra e Vênus um hexágono...

Expandiu sua teoria aos únicos cinco "sólidos perfeitos" (de polígono idêntico em cada face – cubo, tetraedro, octaedro, dodecaedro e icosaedro), que preencheriam cada espaço entre os seis planetas conhecidos da época (de Mercúrio a Saturno).

jan 01

MODELOS LITERÁRIOS

As primeiras quatro páginas do livro de Hermann Hesse (*Demian*) já davam o que pensar. Era de fato uma bela e importante referência ao que li na adolescência, para quando me dedicasse aos escritos.

dez 08

HESSE

(Ela que me perdoe por isso – única pessoa além de mim a talvez ler estas linhas... Se eu lesse o diário de alguém, possivelmente só me alegraria com o que houvesse de referências a mim, e assim imagino ser também para os outros.)

Mesmo nos contos bem escritos do Hesse, o que prende o leitor são as compreensões (não necessariamente identificações) das dadas personagens. Apesar de serem histórias de outros espaços-tempo, são compreensíveis as angústias e reações daquelas personagens.

Eu, particularmente, torci por todas elas, para que se encontrassem, mesmo que tivessem histórias outras – que eu até considerava mais fáceis do que as minhas –, e transparecia muito bem o sentimentalismo humano deles, o cerceamento do "Pequeno Mundo". O pequeno burguês é quase tão humano como o grande, mas por isso é mais fácil de ser descrito.

fev 92

EPA!

Em especial na cultura alemã, há uma enorme quantidade de assuntos de que não faço a menor ideia. Hoje li, pela primeira vez, um pouco sobre Hegel. Depois de destacada sua importância na história da Filosofia, deparei-me com pensamentos no campo antropológico de fazer inveja a muitos generais: "entre os brancos e os negros há um fosso evolutivo inatravessável".

set 93

Língua espanhola

UM GLORIOSO POETA

Interages todos os dias com as luzes do universo
visitante sutil, chegas na flor e na água
(...)
Para meu coração basta teu peito,
para tua liberdade bastam minhas asas.
(...)
tua doce boca, teus dentes
se pões tua língua como uma flecha roxa
onde meu coração frouxo sente o golpe
se sopras meu coração, perto do mar, chorando
(...)

Isto é Neruda, claro, e ainda mais sutil quando tenho vontade de enviar a alguém.

Agora me parece até triste o outro livro que li na fazenda, saciado que estou de tanta poesia.

jul 94

AMOR E SEXO (LER SEM MALÍCIA, POR FAVOR)

Está em Santa Teresa de Jesus, *Conceptos del Amor de Dios*, in Obras Completas, Madrid, 1942, p. 439-440:

Mas quando este Esposo riquísimo la quiere enriquecer y regalar más, conviértela tanto en Sí, que como una persona que el gran placer y contento la desmaya, le parece se queda suspendida en aquellos divinos brazos, y arrimada a aquel sagrado costado y aquellos pechos divinos. No sabe más de gozar, sustentada con aquella leche divina que la va criando su Esposo, y mejorando para poderla regalar, y que merezca cada día más.

abr 01

Fernando e José (dois portugueses)

O AMOR NÃO É SONORO (ANDANDO E RELENDO PESSOA)

Meu modo de andar na rua é pensativo, atento, cordial com os transeuntes a ponto de não me envolver em nenhuma encrenca. E, por menos que eu queira, um pouco triste. Triste a ponto de, quando algo de pequeno me emociona, refletir-se em sorrisos tímidos, disfarçadamente anônimos.

Leio Pessoa, como se vê...

Esse poeta associa uma rede de forças (sonho oposto à vida; esperança letárgica; amor fictício que nunca corresponde ao da realidade; glória eterna tomando conta da expressão) ao esquecimento criativo apesar de certas ajudas. Sente-se um exilado em ilha exuberante na imaginação, mas que não tem nada, só a visão do naufrágio.

A linguagem do amor é o olhar, e não adianta querer expressá-lo em palavras. Um texto pode ser bonito e sensível, mas não toca os olhos como os olhos de alguém. Na tentativa de dizer o que sentimos, temos a impressão de estar mentindo; mas, se não dizemos, é como se estivéssemos esquecendo. Se o olhar pudesse ser traduzido em palavras ou sons... que fossem tão direcionais que ninguém mais percebesse, já não seria adivinhação, mas informação pura, na forma de perguntas e respostas que tornariam as relações claras (e não se sofreria tanto com a timidez). Mas, quanto mais profundo é o amor, menos se fala..., havendo sensação de solidão quando se sabe da espera até que o sentimento disperse (e não necessariamente se o compreenda melhor). Seria ousadia falar essas coisas, mas se não posso, já está dito.

jan 01

CORAÇÃO PARTIDO

Uma das imagens recorrentes em Pessoa, a do jarro "que cai e que se parte" para expressar o amor interditado ou não correspondido, aparece sublimemente trabalhada em "Hora absurda".

> O teu silêncio é uma nau com todas as velas pandas...
> (...)
> Meu coração é uma ânfora que cai e que se parte...
> O teu silêncio recolhe-o e guarda-o, partido a um canto...
> (...)

out 16

SARAMAGO

O que mais me interessa na literatura de Saramago é a capacidade que ele tem de se envolver na própria mentira. Tece tudo tão bem, consegue descrever e fazer comentários pessoais sobre um aspecto psicológico qualquer que na verdade não existe (foi inventado por ele mesmo), que assim embarcamos juntos na fantasia, e é só o *tipo*...

jan 93

DINHEIRO QUE ENTRA (E ESCOLHA DO QUE LER)

Como se fosse uma contradição, comemorei a entrada de certo rendimento, e minhas resoluções de aplicação para as maiores quantias, com um picolé, mais a compra de um livro e a viagem em ônibus elétrico até a entrada da USP.

O livro é de José Saramago, uma espécie de diário sobre temas variados, pelo que li na orelha. Era o que eu queria para pôr em prática uma ideia antiga: de ler e escrever quase simultaneamente, sendo este um livro bastante indicado, pelo pouco que observei (economizando, em função do exercício).

ago 99

PROJETO DE LIVRO (SEGUINDO NA IDEIA DESCRITA ACIMA)

Ainda não é hoje, mas vai chegar o dia de iniciar um belo trabalho de literatura. Trata-se de um diálogo com o segundo diário de Saramago, que, na FAU, li apenas a orelha, para economizar. A ideia é antiga: ler e escrever, sendo que os assuntos serão de interesse bem mais amplo, pois selecionados de partida por Saramago, que tem uma consciência e vivência muito maior (ou desenvolvida).

Pensando bem, posso iniciá-lo aos poucos, aproveitando alguns domingos. Tenho, na verdade, muitos fichamentos de história da Arquitetura para fazer, mas vou dar o pontapé.

> A descrição da paisagem é sutil e pessoal. Inúmeras vezes em que tento soltar as palavras começo pela descrição de uma paisagem, que é mais viva e variada no Brasil. Mas quase sempre me limito ao aspecto físico, por me dizer mais. É que a natureza é mais estável, principalmente em meu microrrepertório. Não faço tanta questão de conhecer outros territórios sem ter atingido ainda o grau ideal de proveito daqueles a que vou ou estão mais ao alcance.

ago 99

AINDA O PORTUGUÊS

Não me dou ao trabalho de reler os primeiros três dias do seu diário, mas lembro que a carta do professor ribeirinho (assim se diz, ou quero dizer, quando se trata de uma comunidade pequena de pescadores) me fez relembrar temáticas dos seus livros, que tanto me interessaram (como talvez para ele, você foi o autor que eu mais li, como é para ela o Pessoa).

Não é preciso agora discutir a história de Portugal, que vem do Império Romano, ou o imaginário de uma jangada de pedra, que tem muito a ver com o meu. Por ora é só.

(Quando o cansaço me fazia desacreditar de um epílogo superior à digna despedida, foi como a chuva de ventos soprando a favor e tudo querendo dar pé. O melhor é que se possa continuar assim.)

set 99

AINDA SOBRE "A BAGAGEM DO VIAJANTE", DE SARAMAGO

Várias críticas podem ser feitas ao que ele chamou de "crônica", a começar pela personagem fictícia, vítima inventada das desigualdades humanas para jogar a culpa no sistema capitalista etc. etc.

– O livro do Saramago tem me desapontado um pouco, não com ele (porque ninguém é obrigado a ser genial sempre, e é difícil para a própria pessoa se desfazer daquilo que não é extraordinário), mas porque não inspira uma temática mais longa...

jan 03

NOVO LIVRO DE SARAMAGO – TEMPO 1

(Li na história de *Caim* – Saramago – uma cena que condiz exatamente com minha fantasia – a de duas escravas – e pela primeira vez vejo o erotismo bem explorado por esse autor.)

jan 10

TEMPO 2 – SOBRE A CRÍTICA AO CAPITALISMO

Ontem terminei o penúltimo capítulo desse novo livro de Saramago, que me alegrou principalmente pela tal cena erótica, mas que agora, no final, decepciona. Sem muita ideia, o autor se interessa pelas passagens bíblicas de maior contraste com a nossa cultura (materialista) atual para fazer a crítica marxista de Deus. Novidade? Quase nenhuma, mas ainda respeito (muito) o seu estilo literário, fácil e convidativo à leitura.

Criticar o capitalismo acaba levando à crítica da essência humana. Reza-se no marxismo que a pessoa não deve produzir mais e melhor, porque isso a destacaria das outras. Como resultado desse aprimoramento, ela logo estaria mais organizada materialmente, gerando desigualdade.

Não me espanta o ditador da Venezuela dizer que "produtividade" e "excelência" são valores do capitalismo. São mesmo, e negá-los é negar a própria essência humana. Está na cara que na ditadura da Venezuela e no partido hegemônico brasileiro não há intenção de melhorar as condições de vida da população, mas de usurpar o poder com discursos de persuasão populista, e, uma vez lá instalados, manter-se a todo custo, usando todo o dinheiro público se necessário (aliás, o critério de gasto do dinheiro público tem sido apenas esse).

jan 10

Paisagens bíblicas e outras leituras religiosas

HERANÇA CATÓLICA E MANIQUEÍSMO ACIENTÍFICO

Um ano depois de ter concluído minha dissertação de mestrado (*Os Índios...*), tive a oportunidade de fazer uma leitura suave (e leve, livre de anotações – como também de um livro de Saramago, recentemente) de textos fundamentais para se compreender a mentalidade jesuítica. Trata-se da Bíblia, e mais especificamente do Novo Testamento, que é menor e mais diretamente decisivo nas ideias da Companhia (como o próprio nome aponta).

Para o assunto estudado, sei que ainda mais importante do que conhecer o Novo Testamento seria ir atrás do trabalho (e as interpretações influentes) dos chamados "santos" da época mais próxima aos "descobrimentos": Tomás de Aquino e Agostinho. Para o estudo estar completo, aliás, seria preciso aprofundar ainda mais (e entender melhor) as discussões contemporâneas dos jesuítas, como a que foi mencionada, entre Las Casas e Sepúlveda.

Mas, sobre o Novo Testamento posterior ao Evangelho, as cartas de São Paulo e de outros (menos volumosas) me despertaram a seguinte reflexão: inúmeras vezes é colocado (acredito que como consequência do livre-arbítrio) que existem pessoas boas (virtuosas) e más (viciadas). Não se diz que há predominância de maldade ou bondade, mas que elas, as *pessoas*, acabam sendo boas ou más, o que se mostra inclusive pela futura divisão definitiva de águas que haveria no Juízo Final.

Não havia naquela época, é evidente, os estudos experimentais em psiquiatria que procuraram estabelecer, a partir do século XIX, os tipos e as predominâncias dentro de cada um.

fev 99

EXAGERO OU SUBSTITUTIVO – SE A LOUCURA COUBESSE NUMA PASTA

Sem desmerecer o conteúdo principal da Bíblia, que apresenta soluções de vida harmoniosa na Terra por meio da partilha, da compreensão e do Amor (essência do Evangelho), há passagens perigosas como o Salmo 137 (136), que amenizaria até a culpa dos espanhóis pelas atrocidades cometidas contra os índios, na descrição de Las Casas.

Outros salmos, no entanto, são de conteúdo profundo no que tange à noção física (quântica?) do Absoluto: 128 (127), 130 (129), 131 (130), 139 (138)...

Está em *Sabedoria* 17:10-12:

> (...) a maldade é medrosa e se condena por seu próprio testemunho. Pressionada pela consciência, imagina sempre o pior. Porque o medo é apenas a falta do socorro que vem da reflexão: quanto menos reflexão interior tivermos, mais alarmante parecerá ser a causa oculta do tormento.

mar 01

NEM TUDO É VÁLIDO (AINDA A BÍBLIA)

O que leio por enquanto, pouco mais que o prefácio, não chega a fazer diferença. Na verdade, as leituras novas acabam se entremeando com as obrigatórias e as de cunho teológico. Destas ainda não chego a fazer anotações, mas guardo de memória algumas referências. Ontem fechei um de seus ciclos, e tinha a ver com meu momento de compra da nova casa. Às vezes critico, mentalmente, algumas passagens que apresentam um ideal de sociedade que não se adapta ao tempo atual. Na verdade, o maior problema é que são muitas as interpretações possíveis de um texto religioso, desde os tempos remotos.

set 99

SEQUÊNCIA EM VIVEKANANDA – OS RELIGIOSOS BUSCAM LIBERDADE

> *Agora, um ideal apresenta-se na minha mente. Pode ser apenas um sonho. Eu não sei se será realizado nesse mundo; mas às vezes é melhor ter um sonho do que morrer com duros fatos. Grandes verdades até em um sonho são boas –melhores do que maus fatos.*
> *Então, vamos sonhar* (Swami V.)

Segundo Vivekananda, nascemos presos a várias limitações e, em nossa luta por liberdade, *imaginamos um Deus livre* (mestre e dono da natureza).

fev 16

Brasileiros

TEATRO ILUSÓRIO

Não confundir o poeta Castro Alves com aquele apresentado pela peça *Castro Alves Pede Passagem*. Se houvesse "o melhor poeta do Brasil", ou aquele em língua portuguesa preconizado por Fernando Pessoa, certamente seria outro. Todos os poetas são bons, alguns menos iguais do que outros.

Do texto, que coloca Castro Alves num programa de auditório, pouco se entende de sua obra literária, e sua vida pessoal é exposta em forma de drama. A não ser pela beleza de Eugênia, é quase tudo sensacionalista.

E por falar em Eugênia, jantamos ontem para selar nosso amor, e nada mais gostoso do que estar a seu lado, sentindo-me empinado até quase o pescoço para depois poder me apoiar e dormir sobre ela.

nov 92

AINDA O "CASTO" ALVES (DOS TRISTES "TÓPICOS")

Como professor de literatura, não poderia negar que, também para mim, o texto de "C. A. P. P." é fraco. Tem como tema personagem de nossa literatura, mas com um enfoque adverso do que se poderia chamar de sério. É um enfoque de culto à personalidade (e até do ponto de vista psicanalítico se poderia dizer que por um desejo do autor em ser cultuado; mas eu não acredito cegamente em teorias assim, como alguns), abordando com superficialidade a obra propriamente dita, o que costuma ser o objeto real de interesse dos literatos. Seria importante desvendar na obra o que há de novo em conteúdo (e não o "de novo") e onde a forma torna-se criativa e fluente.

A própria ideia de levar o poeta a um programa de auditório torna-se batida, revelando o deleite do autor com esse tipo de popularização barata e interesseira, ou melhor, desinteressada da cultura. Nivelar por baixo, através da piada, pode ser gracioso em determinadas fases da vida, mas nunca é construtivo. Que se leve cultura ao povo, mas não com demagogia.

Não nego, aliás, afirmo, a montagem é boa, com atores bons e sérios, e principalmente as cenas de Eugênia Câmara são leves e cheias de graciosidade, mérito exclusivo, eu diria, da atriz, que se virou tão bem com palavras nem sempre próprias, ou seja, tudo "apesar" do texto.

nov 92

ROTEIRO DE PEÇA

Há coisas desfrutáveis no texto do Lauro César. Lembra o Marcelo por aquela comunidade de mulheres lindíssimas, todas descoladas, "esclarecidas". Hoje podem estar esclerosadas, ou eclesiásticas, mas eram mesmo lindas. Dá uma ponta de preocupação pensar no ator global que consegue ter namorico com todas, mas eu tiro isso de letra. Vou até sugerir um nome.

jan 93

ROTINA DE MUITAS LEITURAS

Comecei a ler o Décio, e já vieram muitas ideias. Deixei-o lá, para ler aqui os *Longos Serões do Campo*. Deve dar certo isso, principalmente a feitura dos dois livrinhos, que acontecerá em breve. Também será árdua e gratificante a produção e montagem dos *Cochichos*, que espero começar logo. É uma peça boa, sem os vícios das que foram montadas esse ano, quer dizer, feitura lembrou feiura, as peças de 92 tinham textos muito viciados, e a da grande atriz abrange literatura forte e textos clássicos: é boa.

dez 92

ANTEPASSADA

Ontem acabei de ler (mesmo que uma leitura bem ao meu estilo, sem prestar atenção em tudo) o segundo volume das memórias de minha trisavó. Ela se mostrou muito religiosa, o que talvez falte em mim neste dia que não é um qualquer.
Talvez me faça bem poder dizer: "agradeço a Deus pelas coisas que prometem melhoria".

jan 93

SEGREDO DE ESTADO, O LIVRO

São "erros" (escolhas) do livro *Segredo de Estado*:
* A superficialidade jornalística (sensacionalismo);
* Os repressores serem chamados de gorilas (espécie que não tem nada a ver com isso);
* Os repressores serem todos vascaínos, e os "heróis", flamenguistas (preconceito puro); etc.

Escrevi à Eliana (pessoa da família que considero mais próxima) para confirmar meu entendimento de que a história do livro seria a "oficial", digo, aquela que é contada pela família. A leitura me sensibilizou bastante, mas mais pelos fatos em si do que pela maneira de narrá-los.

Minha amiga tinha 15 quando foi encapuzada ("Li, terminei hoje de ler; o livro é forte e comovente, bem mais do que eu imaginava; não sabia que você, entre os irmãos, era a mais envolvida na história").

Algumas passagens comoveram ainda mais, como o artigo de Alceu Amoroso Lima no *JB*. Estranhei que a irmã mais nova (Babiu) fosse mostrada como uma menininha à época, apegada a doces e bonecas, quando já tinha 11 anos...

Também foi novidade pra mim sua mãe só ter começado a estudar advocacia quando vocês já estavam em Santos, o que me fez admirá-la ainda mais. E também perceber uma identificação: minhas maiores conquistas acadêmicas foram tardias, já quase aos 40 anos. O caso da sua mãe é muito mais admirável, claro, e sempre notei nela algo de muito especial à época em que frequentei a casa: uma pessoa decididamente forte e determinada. Acontece que por aqueles tempos eu não andava nada bem, como você sabe, e isso me levou a uma série de constrangimentos sociais (quatro isolamentos forçados). Tive muita vergonha daquilo tudo, e a casa de sua mãe foi à época uma das que mais frequentei, junto à do Xico e à do Gaúcho...

Também brutal, com a farsa do ataque terrorista, foi imputar à própria vítima a responsabilidade pelo seu desaparecimento (ao não dar mais nenhuma notícia à família de onde pudesse estar).

abr 11

Autores da casa – cor da prata

BOA OBSERVAÇÃO DA AMIGA

Não custa lembrar que, infelizmente, "na metrópole típica de terceiro mundo, sucesso quase sempre tem a ver com o círculo de relacionamentos que se expande em rede de influências e formação de opinião" (Sheila Hafez)

mai 15

CERTO CANDIDATO

Não é tanto pela qualidade literária. Estamos abertos a várias coisas, diferentes estilos e parcerias. Mas essa coisa de se restringir à sacanagem, ao uso de *palavras chulas*, está muito manjada e o teatro já explorou profundamente... Na verdade ela depõe contra a qualidade da publicação.

Em geral, quando a pessoa vem com uma *mentalidade* assim, e de cara cresce o olho pra cima de uma das editoras, acho melhor cancelar logo o projeto.

(Na reunião, deu para ouvi-lo em pensamento: "uma mulher gostosa, sozinha, que gosta de poesia, e parece estar precisando de homem que saiba comê-la"; "vou mostrar o que há de melhor pra ela...".)

ago 17

OS ALTOS E BAIXOS DA EDITORA

Chegamos a quase publicar um jornalista desses que só exaltam o jornalismo e acha que entende tudo de literatura. Acha inclusive que o livro dele é muito bom e que deveria ser levado às escolas como exemplo de um tipo de escrita mais sucinta.

Entende que, quanto mais enxuto, melhor, e que é muito difícil fazer essas "sínteses": requereria técnica e esforço (a maior parte do que falou em reunião era em enaltecimento ao próprio trabalho, como fizeram outros dois, estendendo a reunião até um horário que para mim já é sacrifício).

Mas para quem gosta de literatura culta, refinada, repleta de referências a um *corpus* literário do que melhor representa a nossa língua (em resgate a certos termos arcaicos e ao mesmo tempo ligado ao criativo, de maneira surpreendente, saborosa e agradável), o livro *Viver é fictício*, de Mariana Portela, é "mancheia" (em referência à tal incidência de termos arcaicos, atualizados no significado).

jan 18

MARIANA PORTELA

> *Quando o amor se reconhece, sempre haverá letra e música, dizem as lendas*
> (M. Portela)

Se for fazer a orelha deste livro, devo colocar em destaque a linguagem erudita adquirida pela leitura dos grandes mestres, muitos deles citados aqui, ao longo dos contos e crônicas. E ao mesmo tempo a "sábia meninice" de quem consegue viver sem perder tempo procurando uma lógica para as emoções.

Escritora revelação? Quase toda a epopeia está em primeira pessoa, mas são inúmeras as personagens narradoras (há também alguns casos de narrativa em 3ª, como o da p. 211).

E por que, na p. 193, Mariana fala em "misticismo das abelhas"? Terá lido meu livro? Claro que não... Por último, um comentário "malicioso", por algo que está lá sem querer: notei que na altura da p. 200 escreveu certa palavra como se fosse sobrenome...

fev 18

COMENTÁRIO HONESTO SOBRE O TRABALHO DA CLARA

É engraçado, porque eu nunca conversei muito com ela para saber das principais influências que teve. Noto um estilo de poesia bastante livre, moderno, sem rima e até descompromissado da forma em geral, mas que se mostra cheio de conteúdo em tudo que é dito. Lembra Drummond, Adélia Prado, Ferreira Gullar (o que se percebe na verdade é transitar por múltiplas influências, que podem chegar até os ancestrais, como Platão e alguns romanos)...

É talvez por isso que, inconscientemente, neste trabalho de musicar os poemas – e não dá nem pra chamar de trabalho, porque sempre foi um grande prazer fazer isso, com as melodias que me vêm de modo surpreendentemente espontâneo e natural – se passeie por estilos também muito variados, que vão do blues às baladas, do samba ao reggae etc., tornando-se evidente que é uma poesia essencialmente musical e muito abrangente.

Assim, na apresentação que fizemos, escolhi três para mostrar: a de abertura (em moda de viola), uma bossa-nova ao estilo de Caetano (feita sobre um poema muito forte, de crítica social, que abre o livro), e um blues/balada romântica bem ao meu estilo de música, e é a que gosto mais no CD. Se houvesse tempo, ainda cantaria um dos sambas.

jan 17

VÍSCERAS

Repetindo o que já disse certa vez, este livro me parece mais sofisticado do que *(...) lavar a alma,* o primeiro de poemas da Clara. É mais aprofundado como experimento poético, trazendo melhor domínio da linguagem etc.

Desta vez precisei ler rápido, justamente para não pensar nos significados que, já sei, são de coisas que ficaram para trás.

(E se ficou alguma dúvida, eu preferia que o livro tivesse saído mesmo pela Laranja. Seria uma honra publicá-la, e pelo tanto que trabalhamos nele. Depois da Flip veremos o que ainda é possível fazer.)

jun 18

Amigos e parentes

SOBRE AUTOBIOGRAFIAS

Lá em Mauá, ao praticamente terminar (faltando apenas um apêndice teórico) o livro autobiográfico do "Bigode", deslanchei a fazer comentários a mão, em letra pouco compreensível (talvez influenciado por uma de suas mais repetidas teorias, de que vale mais o ato de criação do que a coisa criada), que vou tentar aqui decifrar:

> Acabo de ler um livro autobiográfico e me surpreende que o autor tenha tentado ao seu final passar uma espécie de moral: deveria lutar-se e não desistir de transformar o mundo em algo melhor.
>
> Adianto já minha total descrença sobre essa questão. O mundo que conheci e conheço segue a dinâmica da resultante de forças individuais em impulsos contraditórios, não havendo uma solução final e unânime entre seus habitantes. Impossível achar que a defesa de

minha opinião ajudará a resolver o conflito árabe-israelense, ou a fazer com que as pessoas diminuam seus hábitos consumistas e depredatórios. O mundo continuará assim.

O que me interessa (numa autobiografia) é narrar fatos da vida, recordando-os com o leve sopro das emoções. Interessará a mais alguém? Creio que sim. Por ter prazer na leitura, acredito na importância dos escritores. Se o conteúdo (de dentro) pode ou não sensibilizar, ganhar identificação e importância para outros, resta torcer para que sim.

(Ainda em Mauá fiz a versão de "nuvens negras", procurando a rima aberta da palavra "integra" com o que foge à "regra".)

mar 03

OS JOVENS EM AÇÃO

Peça da minha afilhada: aparecem dúvidas existenciais que nunca deixarão de haver, mas que na adolescência são suavizadas pela beleza, pelo maior número de sorrisos, pela desculpa de que ainda se pode recuperar o tempo gasto com elas.

nov 10

LIVRO DA SOBRINHA

Literatura são duas coisas: conteúdo e pegada. Não acho ruim a pegada da Cé (até melhor que a da Bia, por exemplo). Mas o conteúdo costuma vir com a idade.

jun 16

ROMANCE DE UM AMIGO ROQUEIRO

Puxando pela memória, tento resgatar, no seu fio central, a conversa que tive com Rodrigo, vendo-se um bom exercício principalmente na criação e na descrição de tais personagens. Feita assim, solitariamente, ela não poderia ser taxada disso ou daquilo, ou tão detalhada, mas vale a pena tentar.

Trata-se da história fictícia de Os The Pletz (careceria de um novo nome?), no fundo como o autor gostaria que fosse, carregada de um *feeling* norte-americano (é fácil perceber isso...).

O guitarrista teria, meio por acaso, o seu talento reconhecido por um empresário famoso a partir de uma apresentação pequena (e isso só acontece nos Estados Unidos – se é que acontece –, mas é em função desse sonho que rolam eventos como as canjas do Blen Blen). Teria tocado com Rita Lee e rapidamente ganhado renome internacional, apresentando-se com Phil Collins etc.

Um belo dia começa a bater saudades do grupo caseiro com que ensaiava, mesmo tendo se descolado bem, estando em posição privilegiada etc. A história poderia começar no avião, no momento em que se senta na cadeira e relaxa, passando a investigar sua memória.

Aí vem a cena, bem americana em que, de volta ao Brasil, ele vai procurar pela única referência que ainda resta, o amigo da guitarra base (autor do livro), que é dono ou gerente de uma lanchonete. E lá está ele, fritando seus sanduíches na chapa, com um chapéu de mestre-cuca... Começam a conversar lentamente, e quanto mais o solista vai se embriagando, mais quer saber do Manga (saxofonista), e Rodrigo (guitarra base) tenta mudar de assunto dizendo que "nem ele sabe direito", e que não poderia largar o serviço para ir à procura do amigo. Marcelo (o solista) por fim se mostra excêntrico e oferece um preço pela lanchonete. Acabam fechando negócio e lá se vão os dois em um carro chique do solista.

Manga estava morando numa caverna, isolado do mundo, recebendo uma vez por semana alimentos e alguns outros produtos pelo Rodrigo. Ele acaba saindo para conversar, e por fim vêm os três me procurar. Eu moraria num lugar surreal, também isolado, mas com todos os apetrechos para o trabalho moderno: um estúdio, biblioteca etc. etc.

Como história viajada, valeria a criação coletiva, com uso de um gravador, e que abrangesse o sonho frente à vida cotidiana do paulistano, com descrições espertas, utilizando personagens como a Drica.

out 91

TIO QUERIDO, PORÉM O LIVRO É AMADOR

Descobri o que resume inúmeras críticas possíveis ao livro do meu tio Lu. A linguagem – amadora em algumas passagens, razoável no geral (o maior defeito é o das pontuações: falta de vírgula, excesso de ponto e vírgula, uma frase ou outra que não se encaixa muito bem) – assemelha-se a de depoimentos muito autocentrados, como, principalmente, os de artistas televisivos. Indo diretamente ao ponto, no formato geral se inclina (mas é melhor do que isso) ao de publicações de caráter social (no sentido de alta sociedade, ou "societário"), que tem como maior exemplo a revista *Caras*.

É um livro de família, como um álbum de família, que inclui amigos pessoais.

jan 04

AINDA O LIVRO SOBRE A ILHA

Não se pode falar mal de todo o livro. Acabo de ler o capítulo sobre a mania depressiva do meu bisavô e foi, sem dúvida, o melhor até aqui. Agora me ocorre como teria sido a surpresa do meu avô ao perceber que meu pai sofria da mesma doença. E que das últimas vezes que nos vimos, ele me achou meio "estranho" – o que foi usado por uma de minhas irmãs como argumento para que eu admitisse o mal-estar.

Enfim, é preciso destacar que o livro do meu tio é mesmo falho em muitos pontos: passa uma visão preconceituosa dos habitantes locais, que serviriam apenas como empregados, e jamais como parceiros de alguma empreita. A vocação turística da Ilha estaria restrita aos membros de uma família tradicional que teriam de defendê-la das invasões populares para não se tornar uma feira livre como ocorre em outras partes do Brasil.

(Numa das fotos – a seção que mais se assemelha à revista *Caras* – o barqueiro que está ao lado do homenageado sequer é mencionado).

É verdade que a visão retrógrada herdada de uma sociedade antiga cede lugar a uma lenta conscientização, principalmente ecológica, mas longe de incluir a sociedade como um todo. Enfim, expõe demais a propriedade familiar à discussão de direito.

O capítulo seguinte ("Mais histórias...") também é bom. Responde ao que considero a principal função do livro: dar oportunidade à nova geração de conhecer seus antepassados. Meu herói continua sendo o pai dele, meu avô.

jan 04

AINDA SOBRE

Acho que consegui ler com maior isenção esses últimos capítulos do livro, aproveitando mais. Se no começo a linguagem estava mais próxima à televisiva e de coluna social, começo a entender melhor a visão (mesmo que às vezes alienada) do autor e prestar atenção aos depoimentos sobre "Seu" Raul. Continuo, é claro, mais identificado com Clemente, ou mais o admirando, já que não tenho a fibra nem a segurança dele.

jan 04

LITERATURA FANTÁSTICA

Disse a ela que durante a leitura do livro vieram-me frases de elogio e comparações com outras literaturas fantásticas (como *Harry Potter*, que aprendi a gostar assistindo aos filmes com a Isabel – mas sei que não é influência, o seu texto certamente é anterior: paisagens que misturam Inglaterra e Brasil, a educação das pessoas, a monarquia). Há também algumas coincidências com aquela minha história antiga (a rainha, o trem – que também tem no *Harry Potter*), que não é fantástica, mas surreal. Ainda não li *Cem Anos de Solidão*, nem os contos de Borges, de Cortázar, e outras referências, mas me parece que a sua literatura é bem independente da deles.

Lembro que quando reli a história da menina do ovo, percebi na sequência tratar-se de histórias imbricadas, e também me dei conta deste novo efeito de contar a mesma história por ângulos diferentes, que dizem já estar no cinema (um dia a Isabel mostrou duas histórias da Turma da Mônica que tinham o mesmo quadrinho, só que cada uma delas era pela visão de uma personagem diferente, e só naquele quadrinho as histórias se juntavam – não tenho nada contra a popularização dessas ideias, acho-as bacanas, recentes, relativizadoras).

Ia fazer esses comentários na época em que lia, mas não fui capaz, e certamente já me escaparam algumas outras reflexões. Li há poucos dias as "Pérolas", o que se percebe ser a continuação da mesma história, ou melhor, novos fragmentos do *corpo* de uma longa história cheia de paisagens e sociedades utópicas, algumas até submersas. Não sei como vai resolver o pretexto da narradora, o único cenário enquadrável na nossa sociedade, mas que, confesso, era muito aflitivo e não me satisfazia tanto.

dez 06

CASA DA LAGOA (LIVRO INÉDITO DE UMA ESCRITORA PRÓXIMA)

Traz um encantamento que é até mágico: algum tempo depois ainda dá para sentir a atmosfera da história.

Não imagino como isso possa repercutir em alguém de fora da família, que não conheça esses espaços-tempo da Roça e da Ilha, mas para mim...

Prossigo assim minha leitura em câmara lenta, chegando agora à p. 72.

nov 19

Produção e olhar ligados a afeto

UMA AUTOPERCEPÇÃO

Tento justificar para mim mesmo a inconstância dessas minhas incursões ficcionais (as acadêmicas se aperfeiçoaram, ultrapassando em geral o nível necessário às aprovações, mantendo sempre o interesse e a seriedade) como uma espécie de "travação" psicológica que me faz desistir, me diminuir e me afastar da própria produção – já tendo acontecido várias vezes de propositalmente deixá-la de lado, esquecer um começo de música ou poesia com a pergunta básica: "para que isso, que não agrada a mais ninguém, nem mesmo a mim, pois não releio quase nada do que escrevo?".

Essas "travações" têm causas sérias: a sensação de abandono na infância, a falta de amor, o desprezo por parte das mulheres que marcou todo o período da minha adolescência e juventude. Enquanto para outros (lembro-me da minha mãe "deslumbradíssima" com as histórias em quadrinho dos amigos das minhas irmãs mais novas – as únicas realmente boas, e não variações banais da mentalidade adolescente, eram as do Paulo Monteiro) havia um estímulo real, receptividade, elogios, carinho feminino...

A minha sensibilidade criativa foi minada sobretudo pela insegurança afetiva, fazendo-me concordar com tudo que me propunham os colegas, como fumar maconha de tempos em tempos (o que me fazia voltar atrás no pouco que construía em termos de segurança, de poder chegar para uma pessoa e dizer o que realmente pensava e sentia). Dizer para uma menina que eu gostava dela, que o seu sexo me atraía, era algo praticamente impossível (e na adolescência, nunca chegou mesmo a acontecer).

Hoje vejo no desinteresse por criar uma desistência de me apaixonar, e isto – esse é o ponto-chave – tem ocorrido no presente como ocorreu no tempo em que fui casado com a mãe do meu filho, como mostram as datações das composições ao violão.

mar 03

NOTÍCIAS LITERÁRIAS (PARA FALAR MAL DOS JORNAIS)

Mal me sentei neste escritório e ouvi do telejornal a notícia de que Otávio Paz ganhou um prêmio de literatura. Acabo de fechar um livro dele, esperando refrescar minha mente e descansá-la, antes de iniciar novas leituras.

Tenho uma declaração a fazer. São duas, mas vão como sendo uma só. Achei de uma grande demagogia quando o professor da Letras esboçou, em entrevista à *Folha*, os planos de um concurso para premiar talentos desconhecidos nas várias atividades artísticas que se desenvolvem na USP. Concursos na USP cheiram a conchavo. Não, não falo que o filho dele entraria e sairia congratulado sem que ninguém desconfiasse de nada; eu só acho uma coisa do filho dele: que é preconceituoso.

O pior na demagogia desse professor foi dizer que a USP "produziu" artistas como Chico Buarque e Arnaldo Antunes, sendo que esses dois tiveram de abandonar os entraves burocráticos para irem à luta.

Bem, está resumido; só faltando dizer, principalmente, que a escola em que ele dá aula é das mais repreensoras com quem cria. Senti isso na pele ao tentar mostrar minha poesia numa escola de Letras. As figuras que serviam de exemplo, eu conheci e eram talentos duvidosos. Um colega da FAU que fazia uns quadros cafonas com homens aprisionados e apelos de liberdade (dito assim, parece que defendo os ditadores) fez pelo menos uma declaração boa na *Folha*, de que naquela escola a única coisa aproveitável eram as aulas do Décio Pignatari. Gosto é gosto, pode-se dizer. O músico do "Premê", que também apareceu, achei que se expressou por teorias duvidosas, mais pra deboches bairristas. E seria bom saber se esse tipo de projeto não serviria para localizar e cercear ainda mais os "artistas". Espero que os verdadeiros não entrem nessa.

A outra matéria desse jornal me deu vontade de responder, porque procurava *destruir* o livro de Ana Miranda, *Boca do Inferno*. Dizia que ela se apropriava de frases do Vieira e que o leitor nem sempre sabia de quem eram aquelas frases, acabando por ler Vieira sem saber, o que o afastaria da verdadeira leitura do padre. Como se, ao trazer à tona os escritores, Ana Miranda estivesse afastando-os dos leitores. O pior foi dizer que Vieira inventou toda uma escola estilística, coisa que até hoje ninguém fez. Ninguém cria estilos, eles *são*, cada um tem o seu, e cada época o seu, se influenciando do que estiver à mão.

nov 90

AINDA O TAL PRÊMIO (PARA FALAR SOBRE A FACULDADE DE LETRAS E A VIDA FORA DELA)

Certamente você deve ter comprado o jornal e lido. Foram feitas as premiações do tal "Projeto". Eu não li até o fim. Acho aquele professor um pernóstico. Um hipócrita? Não, não é por aí...

O tom da reportagem já cheirava às coisas de certo colega: "com a presença de Chico Buarque, sequer foi notada a de Arnaldo Antunes".

O que é preferível? A Marisa Monte falando "te quero você" ou aquelas velharias acadêmicas corrigindo para "a quero". Aquelas velharias que sempre censuraram qualquer tipo de arte espontânea...

Mas afinal, de que time eu sou? Sou do time do Paiva, dos Titãs. Jamais do time dos Abelardos e seus garçons acosteletados.

(A raiva vale ainda mais agora contra o time dos acadêmicos uspianos. Como eles têm a cara de premiar arte – justo eles, que têm um péssimo gosto?)

(Talvez haja boa intenção, e eu me redima. Afinal, o Paiva e o Antunes foram justamente os escolhidos para as entregas. Mas não sei. Quem sabe, através de uma pessoa da família, de quem eles tanto gostam?)

ago 91

ELOGIO A UM AMIGO

Lendo o Marcelo deu vontade de começar a escrever. Gosto dele e do estilo, pela sinceridade e objetividade. Passa informação a cada trecho, não enrola, sabe o que diz e a quem está dizendo.

out 91

ELOGIO A ARNALDO

É algo de sensacional o livro-vídeo, dentro de tudo o que nos identificamos e desejamos como arte.

set 93

Jovem pretensioso em crítica a grandes escritores

BOSI

Começo a ler o livro do Bosi. Sinto até como afetiva a relação que tenho com ele. Serei capaz de comentar seu livro e alguma hora explicar o mal-entendido que houve, sem lesar nenhuma das partes. É um livro denso, de toda uma vida dedicada à pesquisa, mas prefiro lê-lo como se fosse leve, apreendendo aqui e lá o que mais me interessa.

fev 93

CRÍTICA AOS CATASTROFISTAS

Tenho uma visão mais próxima à de Sartre, não tão preocupado com a morte em si, mas com o fim da espécie ou da vida, bilhões de anos depois. É diferente da de Haroldo, e um pouco da de Saramago, para quem as coisas só existem se têm o homem como observador e nominador, numa espécie de visão teocêntrica.

Em Haroldo, especialmente, o medo da morte parece induzi-lo a acreditar no Apocalipse, aliviado de seu fim pelo conformismo de que ele seria coletivo.

Uma barbaridade, mesmo que eu esteja influenciado pelo oportunismo dos folheteiros, ou pelos bundões da obra, e por isso não tenha me esforçado para entendê-lo corretamente.

dez 91

OUSADIA EM AVALIAR OS CLÁSSICOS

Concordo com algumas críticas de Buñuel: o exibicionismo e a adesão de Dali à ditadura, a ilegibilidade de *A Divina Comédia* (ao menos nas traduções que conheço) e *Os Lusíadas* (embora eu não sinta total falta de poesia nessas obras), a politização da pintura "a qualquer preço" no quadro *Guernica* de Picasso... Esse é também o problema de filmes como *Roma, Cidade Aberta*: a inverossimilhança das personagens na tentativa de vender um caráter maniqueísta às questões políticas. Desse filme eu mal me lembro, primeiro porque o cinema nunca esteve no rol das minhas principais atenções à cultura, e segundo porque os filmes "políticos" (em defesa de uma plataforma) eu classifico de cara como de segunda linha.

fev 01

O QUE AGRADA A METADE DAS PESSOAS (E É RECONHECIDAMENTE GRANDE)

Assistimos a um filme – quase documentário – do cineasta baiano G. R., sobre a história do Brasil, um tanto tendencioso. Ele apresenta todos os eventos de um ponto de vista da luta de classes. Fala pouco sobre a cultura indígena, ou mesmo africana, mas desta ainda mostra imagens significativas.

Um detalhe, mais do que chamativo: entre a verborragia "revolucionária" e as imagens corridas dos fatos políticos relativamente recentes (dava-se o mesmo espaço para os quatrocentos anos iniciais e os cinquenta mais próximos), levantei do meu sono para prestar atenção às imagens e vozes relativas ao último governo democrático antes de 1964. Quando se falava em J. G., possivelmente da reunião no Uruguai, reconheci num átimo, com total empatia, imagem do meu avô.

(Mas por falar em "intelectualismo", a parte final do filme, ontem, mostrava bem o lado capenga, hesitante, insosso, dos que acham que entendem da vida a partir da teoria. Desculpe-me a revolta, mas é muito fácil fazer um panorama geral e apontar detalhes como se fossem saídas. Também havia um trecho bonito, poético, de G. Rosa...)

mar 94

CUTUCANDO ONÇA...

O Leminski brinca de modo bastante bonito com as palavras, mas às vezes também diz coisas óbvias, sem atingir o refinamento esperado de outras passagens. A verdade é que ele não busca mesmo uma linguagem exata.

jul 91

... E ACHANDO QUE É FÁCIL

Eu precisaria ler *Ulisses* (até hoje não consegui) para entender o que pessoas reconhecidamente inteligentes (bem mais do que eu, a exemplo da Simone) veem de tão especial em Joyce. Acabo não achando nada de tão original, ou inovador, na ideia de adaptar a Odisseia para os tempos modernos, e assim, por tabela, um pouco apropriar-se dessa fama universal que tem a obra de Homero.

Pra fugir à ideia de simplesmente escolher uma poesia e romanceá-la, não basta ser a melhor delas, mas estabelecer o vínculo exato com todas as outras, na ordem de interferência.

dez 90

LITERATURA QUASE OFICIAL

Li na adolescência o tal romance que meu amigo elogia, *Policarpo Quaresma*. Não concordo que seja belo, nem que "apenas a maturidade pode reconhecer a realidade que nele se encontra", e essas coisas. Se um livro não fascina o adolescente, normalmente é por apresentar um mundo reduzido em suas percepções, junto à pobreza de espírito em algumas passagens, podendo aceitar-se a ideia de que seja mesmo fraco.

A fatalidade de o mundo ser como é pode ser compensada pelas milhares de alternativas do espírito, e não há maturidade em acreditar que o mundo seja exatamente aquelas coisas simplórias aos olhos do adolescente, facilmente compreensível. É como outro dia quando a Lu, ou o Caio, ou talvez o Vítor, veio dizer que com os anos as coisas vão se tornando ainda mais amedrontadoras e perigosas, e não é bem assim; lembro que eu era muito mais encanado na adolescência. Talvez tenha sido a própria Rita, encanada que é, e com quem me abri divinamente para ver se a deixava na dela.

fev 91

Leituras de ocasião

MÉDICO MEIO ESTRANHO

Estou lendo a droga de um livro que peguei na garagem da minha irmã, escrito por um médico. Devia ser parte das sobras da editora e parece coisa de maníaco. Passa, inclusive, a nítida impressão de ser traduzido do inglês, pelo uso de um português de tipo colonizado, afora o baixo astral das histórias, cheias de médicos, doenças, preconceitos sociais...

Só que é fácil de ler: em quatro leituras já se foi meio livro, e acho pior deixar as coisas ruins pela metade. Melhor é acabar logo e desencanar.

jul 91

PROJETO DE ROMANCE

Já o livro do Saramago começa a me envolver tanto pela história quanto pelas próprias diferenças de linguajar.

(A ficção de tipo vulgar, com eventos sensacionalistas e personagens da mídia, também me lembra a dos escritos pretensiosos do tal médico, e chega a ser engraçada a cronologia das lembranças, de que há aviões, mas há ainda os portos e etc. De qualquer forma também me atrai por fazer lembrar o roteiro imaginado para "Dilúvio", com as alterações ambientais de grande porte, mas que seria diferenciado como romance na medida em que se concentrariam atenções na personagem central, um messias original. Diz Sartre que em determinado ponto não vale a pena reler os escritos antigos, porque isso é também uma acomodação das ideias – é o que acontece em relação às letras de música, mais por falta de uma motivação clara às novas pesquisas. Nem sempre as ideias antigas estão ultrapassadas, vide a literatura clássica; seria ideal que estivessem, mas aí cai-se no dinamismo da propaganda, inócuo – sem danos –, porém infrutífero – de conteúdo repetitivo.)

ago 91

AS COISAS COMO (TRISTEMENTE) SÃO – ESTRANHO LIVRO RECOMENDADO PELA MULHER QUE AMO

Ensina-se ali que a mulher só ama verdadeiramente um cara depois de dar para ele. E que normalmente só vai dar pra quem *ela* escolher de maneira prévia, ou para aquele que forçar a barra. E assim, *os caras que forçam a barra são os que se dão bem*.

Não, há de fato, nenhuma notícia boa nesse livro, e sim muita repetição. Passa um capítulo e volta a dizer que a mulher só se apaixona depois de transar, e que só transa: (1) *com quem ela se dispõe a se apaixonar*; (2) *com quem força a barra, e é por quem ela também acaba se apaixonando um pouco, depois de transar*.

Talvez eu me lembre de contar a história daquele casal de irlandeses que se corresponderam por 30 anos. Depois de 20 anos em que ele se oferecia e ela não aceitava transar (dizia que achava muito mais interessante ter por ele um amor "místico" do que carnal), finalmente transaram e ela então se apaixonou.

abr 18

LEVEZA

Comecei a ler um livro de reflexão psicológica, busca de harmonia interior, leveza etc., algo como solidariedade na intenção de ser gentil...

Ali está colocada de forma simples a questão do tempo pessoalmente necessário à tranquilidade e ao bom desempenho nos outros (tempos).

jan 01

MAIS SOBRE CAETANO

Leio também, em paralelo, o livro do filho do Zé Miguel, como das poucas leituras envolventes – das melhores que faço atualmente –, mas hei de ler muito, quero sim, interessar-me em aprimorar.

dez 06

ENFIM UMA LEITURA APAIXONANTE – VERDADEIRO ACHADO

Ontem, tendo de lidar com a insônia, avancei na leitura de *Verdade Tropical*, um livro apaixonante e que me faz sentir como se participasse daqueles fatos, pois de uma maneira ou outra eu me inteirara praticamente de todos eles, na própria época ou algo depois. Essa leitura acompanha, e descontrai, a que faço do meu próprio trabalho, que será examinado dentro de cinco dias.

nov 97

Um pouco de cinema

FILME

Como se precisasse ser arrancado de casa para ir ao cinema, fui. Era o novo filme do Kurosawa, e no começo já me senti à vontade porque era leve e humorado.

Mostrava um estilo de vida linear, de respeito a raízes, às vezes infantil. Metaforizava a reconstrução do Japão na figura de uma só pessoa, que era professor e escrevia.

mar 93

DIA DA MARMOTA

O filme faz a metáfora da vida pela repetição de um dia. As reações ao mundo podem ser manipuladas em razão da previsibilidade. Previsão do tempo? Pesquei aqui e ali algumas relações: em *Weather Report*, ele passa a ser um grande músico. Sabe-se que o mundo tem uma reação precisa, acumulativa dos nossos atos. Podemos viver o presente, na certeza de um futuro próximo. Bondade atrai bondade. O social, a não ideia fixa em alguém ou algo melhora as coisas. Sentir-se bem é o que importa.

É metáfora da vida enquanto os dias se repetem; acordamos e voltamos a dormir, somando atos e consequências. Muitas vezes tentamos repetir para aperfeiçoar fins de determinadas situações pequenas, vamos aprendemos o que nos serve, onde erramos, e a lição, que é quase sempre a mesma: "seja você mesmo, de coração aberto".

out 93

PROGRAMAS CULTURAIS

Saímos para assistir a um filme supersensível e ultrafantasioso, *O Piano*. Durante ele me passaram alguns daqueles momentos de compreensão das coisas e vontade de expressar essa compreensão por alguma arte.

Depois fomos ao show do Melodia, um dos astros que mais admiro. Talvez seja até mais músico e autêntico que os dois baianos que também considero de primeira linha. O mineiro em seus momentos de brilho é de primeiríssima linha, mas viria logo atrás, e só mais atrás, alguns paulistas. Os conjuntos de jovens, das diversas partes do país, vêm bem, bem atrás. Há até bons momentos, mas são menos originais.

mar 94

FILME BOM (MAS EU NÃO SOUBE EXPLICAR)

Genial (ou quase). Imaginei mesmo que depois de tanto tempo sem ir ao cinema admiraria um trabalho bem-feito. Na verdade, vi alguns filmes com a Isabel, só que em TV. O que mais me toca é, certamente, o enredo pelo que se mostra traduzível em palavras. Aquele efeito que pretendo conseguir no início do primeiro romance é o que, sim, foi bem explorado por Camus, em linguagem cinematográfica.

fev 07

CRÍTICA A DOIS FILMES (MAS COM REFERÊNCIAS MUITO PESSOAIS)

Os dois filmes de ontem, mas principalmente o *Harry Potter*, fizeram com que minha mente se desbitolasse um pouco da quadratura cotidiana. Na verdade, a companhia da Isabel é o que mais ajuda.

Mas já que falei dos filmes, o primeiro não tenho a elogiar (como não elogio aquele do Woody Allen, mesmo com a atuação – banal – premiada), embora pretendesse tocar a questão profunda do antes se perdoar pelo ódio ao irmão, curando a relação para depois salvar a todos. É que era um clima de paranoia total, exagerada, misturando sonho e realidade (talvez aí uma segunda tentativa de ser profundo, mas de fato achei fraco, mal posicionado, não chegando a me agradar – a não ser pela menina atriz, Stewart).

Já *Harry Potter* é muito mais profundo, até na mensagem filosofal. Supostamente "do mal", por serem bruxos, mostra que em todos os níveis há os bons e os maus, e que são muito, muito diferentes. Aquela atormentada perversa, interventora inquisitorial, é um tipo que já identifiquei algumas vezes na vida: com a psicóloga da Casa da Juventude, com uma segunda professora de artes na Tobias (que depois parece ter se curado) e, enfim, com várias pessoas perversas que por essa cidade andam (há outras que são medíocres e não chegam a ameaçar, mas têm também o espírito assim deturpado).

fev 09

FALANDO DE UMA CHANCHADA

Na falta de assunto, vou fazer uma crítica construtiva ao filme *A maldição da múmia*, uma pornochanchada carioca. Havia muitas mulheres peladas, e isso é bom. Mulheres do nível de uma Maria Zilda tropeçando e caindo desajeitadas, só de calcinha, de perna aberta num colchão. Ou seja, filme desses em que a mulher acaba fazendo mais do que imaginava, pega no susto.

Ainda mais instigante era uma que estava totalmente nua (eu não soube identificar), nu frontal, conversando naturalmente, e talvez nem soubesse que estava sendo filmada.

Agora, uma atriz ultra-atraente, e fazendo um tipo de mais malandra ainda do que costuma ser, é a que fez *Precisa-se de um tenor* (e pude ver, por sorte, o seu bico de seio ao vivo, não podendo afirmar se houve um disfarce proposital). Sei que não é a Ítala Nandi, mas às vezes dou esse nome porque combina com Nâni. Ela estava sempre com um pincel preso à boca, fingindo-se de pintora e rebolando-se toda.

ago 94

MESMO FILME?

Vamos ainda relembrar alguns detalhes daquele filme para que esta crítica tenha algo de sério. De bom mesmo, de longe, as mulheres peladas. Uma salada de atores, lançando os do *Trate-me Leão*. Outro elogio é que, pastelão que seja, é um filme inteiro, com história, cortes e cenas variadas, numa lógica compreensível. Eu precisaria rever com calma, em câmara-lenta, as cenas de nudez da Maria Zilda para poder opinar melhor.

ago 94

TV, séries e mais um filme

HERÓI DOS QUADRINHOS

Ontem eu e meu filho assistimos ao *Tintim* daquele episódio que se passa entre os incas, bastante imperialista, mas que mostra um senso de justiça e bondade inerente a todas as culturas.

mar 94

LINDEZA

Acabo de ver na TV uma das atrizes de que mais gosto (o que não significa apenas que ache gostosa, dê tesão), e faz a *Louise* na série do Super. É por demais sensual, e além das pernas verdadeiramente belas, do rosto delicioso, estava toda lambuzada com o bolo no qual caíra... Imagine-se o que ficou parecendo (ou foi sugerido).

abr 98

MUITO BOM FILME

É curioso que o filme de ontem tenha causado em mim o impacto de um sonho. É verdade que há muito eu não ia ao cinema, e então, talvez, qualquer que fosse o filme chamaria minha atenção só pelo fato de eu estar de frente para ele, no escuro, com o som alto e sem dispersar (gosto da sensação de ter visto um filme, mas raramente tenho o desejo de ir ao cinema). Até a metade, pelo menos, achei que o filme era ruim, apelando a inúmeras fórmulas fáceis e reconhecíveis. Só perto do fim foi que, além de reconhecer o bom trabalho dos atores (e apreciá-los), entendi o filme como de cunho psicanalítico.

Tratava-se de ficção pura: no futuro, um rapaz que não fora concebido por melhorias genéticas, como eram todos os que pertenciam à elite, luta para superar a predeterminação de ser um reles trabalhador e assim realizar o sonho de comandar uma missão espacial à lua Titã, de Júpiter. Para isso, dedica-se 100% à realização de um plano, configurado junto ao especialista em tramoias que ele conhecera: a troca de identidade com outro rapaz, geneticamente perfeito mas, por acaso, inválido, depois de um acidente. Os dois se dão muito bem.

Toda a tônica se dá pela identificação das pessoas, que na hipótese do filme é sempre por testes de genética, feitos o tempo todo, em todas as situações, a partir do sangue, mijo, fio de cabelo ou cílio etc. Presas a esse costume, as pessoas parecem nem mesmo reparar nas faces como identificação. E é esse detalhe, insistentemente repetido no filme, que dá a sensação de um sonho: uma espécie de ritual, inexistente em nossa sociedade, mas é como se quase o admitíssemos como uma vaga lembrança.

Também a imagem repetida dos foguetes que são lançados, a dos faróis verdes dos carros de uma cena especial (ele não vê, mas para não revelar prematuramente o seu segredo, arrisca-se a atravessar a rua assim mesmo, e por sorte – pois assim estava firmemente selado o destino, em consequência da determinação pessoal – não é atingido) e o cenário sempre sombrio (mesmo nos ambiente abertos – aparentemente só há a noite) remetem ao sonho.

Em especial para mim, há outras relações, e não posso afirmar que sejam arquétipos. São dois irmãos que competem: o mais novo, considerado geneticamente perfeito, e ele, não. Na infância, o irmão mais novo passa a superá-lo fisicamente, mas ele, com astúcia, vence o maior desafio entre eles, numa prova de natação e coragem (que lembrou o filme narrado pela minha mãe, em que o irmão mais fraco vê a morte do mais forte por afogamento e enlouquece, por não entender a lógica do destino, até que um ótimo psicanalista elucida: teoricamente mais fraco, salvou-se o que foi mais prudente e se prendeu ao barco, tendo sido, nesse momento, o mais apto à sobrevivência; assim, entendendo melhor o evento, ele se recupera).

Como toda a sociedade era montada sobre uma lógica em prol dos geneticamente perfeitos, o "filho de Deus" sai de casa e sobrevive como trabalhador braçal até o início do desenvolvimento do plano. O irmão perfeito, que foi salvo, é que, preocupado em identificá-lo, quer desfazer a trama, mas não consegue. A missão espacial era apenas uma realização pessoal, que não depunha contra ninguém. Com a ajuda de Uma Thurman (que poderia ser duas, ou mil), e envolvendo com amor as relações masculinas, ele consegue.

mai 98

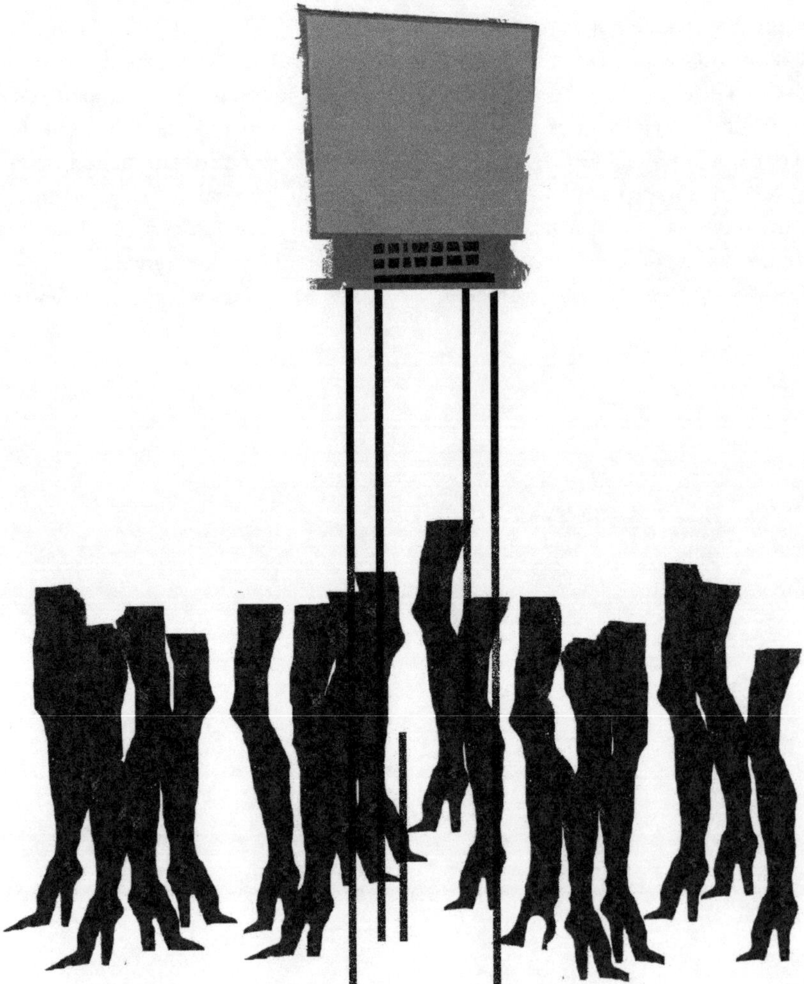

6 Com jeito de ficção

As de imediato

PARADOXO
Ando meio parado.
fev 16

ENCHENTE EM SÃO PAULO
A água arrastou os *carro* e invadiu as *casa*.
jan 20

DICIONÁRIO EQUIVOCADO
Revelante = informação relevante e reveladora
jun 13

ADIVINHE O QUÊ
Parecem até bonequinhos, de tão fofinhos... tão perfeitos que lembram aquelas ginastas russas e chinesas, da época comunista.
É hora de escolher presidente...
jul 14

FANTASIA E REALIDADE
Antigamente se temia que uma bomba atômica fizesse o mundo todo explodir. Hoje se sabe que a maior ameaça é a seca.
jun 03

Das histórias de Nícol

NÍCOL, NÍCOL...

Percebendo que estava sem a carteira, ele precisou voltar pra casa. No hall de entrada, desejou que o elevador chegasse logo e apertou o botão várias vezes, mas *o mesmo* não vinha...

O pior é saber que quando o mesmo *encontra-se parado*, só que em outro andar, é por puro egoísmo de alguns.

No começo sentiu raiva, mas depois parou para se lembrar dos bons predicados daquela vizinha... Já o marido não merecia a menor consideração de sua parte, pois era um sujeito sem predicados.

ago 13

SUTILEZA

– Eu poderia falar com Nícol?
– Não tem nenhum Nícol aqui.
– Tem Níquel?
– Tem mas não se encontra...

dez 13

SOL OU FAÇA CHOVA

Saíra à procura de Júpiter como se fosse São Paulo, e quanto a isso está tudo bem (por ele sim, "tudo bem"), tanto nas igrejas quanto em portais.

Agora de volta à casa, recoloca corajosamente o tênis e uma camisa suada (que não chame atenção), pois vai descer à padaria e comer alguma coisa, enquanto essas "noias" não saem da cabeça.

fev 20

SUSPEITA

Nícol viu numa matéria que o diâmetro da Via Láctea mede 105,7 mil anos-luz. Quer dizer que mesmo se atingíssemos a velocidade da luz, ainda levaria muito tempo para ir de um lado a outro.

Como comparação, pode-se lembrar que nenhuma das civilizações conhecidas chega a ter 10 mil anos. As primeiras pirâmides não chegam a ter 7 mil.

Dez mil anos atrás, praticamente só havia florestas, caçadores e coletadores.

jan 20

FLOR DA LUA

Na Amazônia setentrional, braço do rio Negro, existe um tipo de flor que atrai a fina nobreza inglesa para ver seu desabrochar noturno. Ele só acontece uma vez por ano, e, pelo que se diz, é uma flor imensa, toda arredondada. Os ingleses, donos de alta tecnologia, preferem utilizar barcos elétricos para não acordar os animais.

Nícol não se lembra de ter sido molécula d'água, mas faz sentido, para ele, que é mais alegre evaporar e participar dos grandes movimentos livres das nuvens, chuvas, rios e oceanos do que estar preso a uma garrafa de plástico quase vazia (com apenas outras poucas moléculas aprisionadas). Por isso, ao jogar fora uma garrafa plástica, ele a joga com a tampa em separado.

mai 07

Da vida em geral (os filosófico-existencialistas)

IMPONDO RESPEITOS

De tanto dar corda ao próprio ego, inflado em dose alta desde os bons tempos da adolescência (sem nunca se dar conta disso), o intruso achou que seria fácil enganá-la. Acontece que ela tem uma puta formação acadêmica, é doutora e o *escambau...*

E não fosse só isso, sempre esteve atenta a experiências que envolvessem conhecimentos gerais, como os de advocacia, tendo lido de cabo a rabo todos os contratos de que fez parte. Assim, uma a uma as investidas foram sendo rejeitadas, e o intruso parou de assediar.

set 99

ENCONTRO INSPIRADOR

Ela veio em objeto identificável, já menos confortável que na ida. Trouxe os pacotes com presentes enviados pelas tias mais novas, e nada impediria que chegasse bem às duas casas.

Já ele, passava por uma periculosidade sexual tão grande que tinha a impressão de que seria fácil imaginá-la na cama, assim como à melhor mulher que se avistasse por ali, linda ou não linda.

Ao vê-la, quase fez música, mas preferiu dar tempo ao tempo, isto é, deixar para compor só quando tivesse mesmo alguma ideia e soubesse o momento de gravar.

dez 99

FIXAÇÃO ERÓTICA

Ela ouve agora o barulho de helicóptero, já deixando de ser abafado pelo do avião, que ainda passa mas está prestes a sumir. Sumiu. O do helicóptero é o mais ridículo: seria uma operação policial? Não acredita. O mundo está muito mais maldoso, principalmente a partir da chegada de certo grupo ao poder...

(O helicóptero só seria associado ao sexo se estivesse passando ali para filmá-la com lentes de aproximação, em sua trepada rotineira pela varanda da casa. Lembra que para a atriz argentina foi bonita a chegada do helicóptero já em pleno andamento da filmagem: fez-se a dedicação para mostrar a ela todo aquele poderio masculino – tecnológico e econômico – capaz de assumir tamanho desperdício de gastos, apenas pela gentileza em atender ao pedido.)

jun 08

TIPOS HUMANOS E A EXPLICAÇÃO LINGUÍSTICA

Certamente, quando viu o carro se aproximando pela direita para furar a fila, adivinhou que seria guiado por um sujeito esquisito. Os infelizes são feios, inconformados com a felicidade alheia, e por isso brincam de ser maus. E assim ficam sempre infelizes. Mas você acredita nisso? Claro que não. A lógica arrasa:

– Não há lógica para visões de mundo alheias à própria. Há identidade até certo ponto, a de o outro pertencer ao mesmo Universo. A raiz, ou o correspondente etimológico, de "love" é provavelmente louvar. Mas "love" é amar, havendo um sentido bem definido para o verbo a todos os falantes da língua inglesa. Não é possível que uns ainda não percebam que a substância dada a uma palavra é produto do uso, da boa *comunicação* humana. Por isso nos confundimos quando ainda estamos presos a certos vernáculos lusitanos de tipo "simulacro do invólucro", quando a língua popular é muito mais sonora e precisa.

– A lógica de um é diferente da do outro. Ela é *construída* pela história humana, do indivíduo. Não é à toa que alguns veem divertimento no sofrimento alheio, riem dos animais, dos programas de auditório, quando o que estão é aprisionados. E se estão aprisionados, pior pra eles.

jun 92

Entregue a neuroses – e alguns machismos inconsequentes

BARULHOS URBANOS

Viver um belo dia é reparar no agradável e alegrar-se por qualquer coisa, como ver o amigo conversando com a namorada nova na padaria.

Mas também há coisas que em nada dependem da natureza, como a passagem do caminhão de gás pela manhã (quando já se havia dormido bem e levantado preguiçosamente da cama, quase sem ligar), o da caçamba de entulhos que acaba de estacionar, e isso o preocupa, lembrando-se que em dias piores já causou humor tão agudo que chegou a ser autodestrutivo.

mar 06

EM POUCAS PALAVRAS...

Ela fala o que pensa, e respondo o que realmente sinto. Ou melhor: por tudo o que ela pensa, já me vi em idas e vindas, e é muito pouco em relação ao que sinto. Estou errado?

jul 06

DISCURSO MACHISTA DISFARÇADO DE FICÇÃO

Como esquecer uma rejeição amorosa? Buscar explicações, como tenho feito, não resolve. Vai querer entender a lógica do amor, mas como? Parece que olhar fotos de mulheres nuas ainda alivia de alguma maneira.

– Mulheres são só isso: um dos cromossomos faz com que tenham o corpo invertido, possam ser copuladas e desejem isso, ajudando-nos, assim, a viver melhor. Não entendem nada de nenhum assunto, são pouco racionais, mas calorosas. Procurar algo mais do que isso, dar assunto, perguntar, é só um disfarce para encorajar ao sexo, que no fundo também não serve para nada, porque o encorajamento delas para o sexo é livre, premeditado, maldoso; normalmente escolhem os piores homens para se envolver, por alguma artimanha da estratégia malévola.

nov 06

FICÇÃO CIENTÍFICA PARA EXPLICAÇÃO DA CARÊNCIA

Penso na hipótese, um tanto quanto pessimista, de que haja algum defeito na minha formação, em alguma válvula que permita à pessoa ser ou não amada, e a minha não funcionaria direito.

Disso (da explicação) não dependem os resultados, e da mesma maneira que ficou patente a piora da relação com a musa depois de ter levado o caso à mãe de santo, começo a ver que nem a análise e nem o apocalipse poderiam ajudar.

Então, o que fazer? A essas alturas, para não cair no enlouquecimento, preciso concentrar esforços no último grau da minha formação acadêmica. Só lá é possível encontrar algum tipo de ajuda.

mai 07

VERDADEIRA FICÇÃO

Ela só gosta de homem do tipo "mandão", exigente e "convencido" (mas pelo menos já abriu mão do "sacana"). Vendo que não sou assim, correu atrás do que era, porque é dessas que só goza quando se sente humilhada.

"Ela é bem gostosa", diz o cara (de codinome Glauco, verdadeiro autor dessas considerações, e que me inspirou a fazer o relato). Agora já passou dos cinquenta, mas com boa vontade parece não ter mais de trinta e nove. E continua a fazer sucesso entre transeuntes do Itaim, com seus peitos enormes balançando para fora do sutiã. O que passa na cabeça dos que olham se resume à ideia de que ainda é "comível".

ago 11

ESPÉCIE DE ATO FALHO

Já são manjadas as expressões (e quem não riu delas?) de alguém que "chegou há pouco de fora..." quando o negócio "estava de pé" e esperando a "posição que ia tomar". "Uma chuvinha por cima, entrando pela janela", até que "o negócio melou..."

– Se aceitar por dois mil, já adianto um pau e sessenta. Dá assim?

— Henry, tenho uma dúvida: dizem que opinião é que nem bunda, cada um tem a sua... Você costuma dar sua opinião?

Também descrevem os humoristas de um programa antigo a sensacional descoberta de que alguns vegetais têm duplo sentido: pepino, abobrinha, berinjela, cenoura... Como no futebol, "o jogo tem drible, defesa, marcação, malícia, torcida, pênalti, bola na trave, escanteio, sacanagem do juiz, empate e prorrogação...".

mai 15

Raparigas em flor: a primeira volta de Nícol

EXISTE ALMA BOA (O QUE SE DECLARA EM PRIMEIRA PESSOA)

Esta é difícil de acreditar, mas aconteceu mesmo. Se poucos entendem haver pessoas que sejam boas e más ao mesmo tempo, mais difícil é dizer a eles que tenho visto uma alma verdadeiramente boa, vindo às vezes me visitar.

Ela esteve de tarde no campus universitário, com raios de sol na piscina e um vento meio diferente, olhando a grama, depois de nadar. E parece-me ser até abstrata, mas é tão orgânica quanto o cérebro que a concebe.

Desde que me conheço por gente, sei que tudo é estado de espírito. Por sorte, ele não é tão controlável assim, e daí a graça da vida. Mas sei também que está dentro de cada pessoa o reconhecimento pelo que é colhido ao longo do tempo em sentimentos. O sentimento acumulado vai se tornando enfim conscientizado, e a gente é capaz de separar o joio do trigo, o que não gosta do que gosta.

set 99

EM CADA BROTO

A universidade tem um enorme repertório de mulheres atraentes. É nas tardes quando isso se torna ainda mais evidente, embora não se saiba explicar como tal desenvoltura possa estar assim bem disfarçada nas outras horas. Vem da prática da criação em grupo essa desenvoltura que gera intimidade, ou quase isso, pelo menos...

Nícol lembra que, ao retornar à universidade, tratou de reprimir qualquer fantasia de envolvimento amoroso com as garotas, considerando que um suposto acontecimento com esse nível de ousadia não acrescentaria nada de importante para elas, e o melhor é conduzir bem os rumos de seu casamento, sem sobressaltos.

Mesmo quando alguma paixão se acentua, cobra-se por estar sereno e ver-se assim mais responsável, até por sentimentos alheios...

mar 99

BAIRRO E CONVÍVIO NOS ESTUDOS – POSTURA DE NÃO SE ENVOLVER

Deus sabe o quanto se alegrou com a visão que teve há pouco de uma provável inglesinha com seus cerca de dezoito anos, toda de branco ao vento, com o umbigo e boa parte da barriga à mostra, olhando para ele...

Melhor é então falar de amor nesse curto intervalo em que se dá a liberdade de escrever (sem saber se se diverte, ou apenas se contenta com isso).

Amor lembra sexo, e se outras vezes falou de taras, narrou cenas que mais lhe excitaram em cinema e vídeo, para sentir tesão relembra infalivelmente as as cenas de línguas que entram e saem dos lábios, trazendo nos líquidos tudo o que dali escorre. Mas também gosta de lembrar a gostosura de pessoas conhecidas, imaginá-las nuas, fazendo sexo com ele (ou se lembrar de insinuações – atos falhos – das mulheres de seu convívio – o que se deu ao longo do tempo, porque agora já nem tem tanto contato com essas amigas).

Não poderia deixar de se lembrar dos amores que parecem platônicos (ou de um tempo que ainda não se deu), remetendo aos que foram realmente imaginários e fortes, no tempo da faculdade de Letras. Mas voltando ao presente, já não pretende se iludir com novos envolvimentos, ao menos enquanto estiver casado. Mas, platonicamente, já se nota (a)traído.

dez 98

AS MIL E UMA POR QUEM SE APAIXONOU

Ele bem sabe que dar nome às paixões secretas não é nenhum grande salto de liberdade... Dos anos de 88 e 89, principalmente, guardou inúmeras páginas com relatos de flertes dos mais sem graça, com dona Clemente, Zynia, Aurora e outras tantas com quem nem chegou a conversar. Mesmo a que chegou a estar mais próxima, Renata, teve um desfecho de anonimato tão grande que só resta agora sentir vergonha.

A única musa da Letras que se salvou como amiga foi sua querida Simone. Tudo bem, há outras duas grandes amigas, Marta e Bel, mas que não chegaram propriamente a ser musas. Assim como a Bel, os relatos incluíam namoradas nem tão passageiras, Lena e Pérola. E também, páginas e páginas sobre a Drica, que devem ser tão desinteressantes como este parágrafo.

O flerte eleva o espírito e é bom, mas parece um quase nada quando se vê descrito.

mar 99

RAPARIGAS COMO INSPIRAÇÃO

Nícol volta a escrever, depois do futebol. É que andar pela rua pode causar surpresas, e quando se depara com um "broto incrível" (às vezes até em outdoors), aumenta sua vontade de fumar e escrever, expressando a leveza.

O ideal seria essas coisas se resolverem por si mesmas, isto é, que ao ver uma "linda gata", ela também se interessasse por ele, automaticamente, e logo estariam os dois se beijando e vendo se era o caso de aumentar a intimidade (o que quase sempre seria).

Romanticamente, ele imagina uma mulher linda (outra?) vindo a seu encontro para sentirem-se em altos confortos emocionais, ótimas sensações...

set 94

QUASE UMA FIXAÇÃO

O mundo agora parece estar mais calmo e pouco a pouco poderá fazer as suas coisas. As musas, claro, permanecem guardadas em sua memória mais recente.

Ainda há pouco uma centelha de tesão abstrato, relacionado a fotos de uma atriz de TV, mais vídeos e mulheres reais, acendeu-se nele.

Bem que a sugerida assinatura de um canal erótico lhe pareceu saudável, por despertar o sexo sem exageros. Sexo, aliás, sempre presente em seus olhos, ficando a dúvida de como será o desempenho quando houver a possibilidade real.

jul 99

Sobre o casamento

ROTINA AMOROSA (DE CONTEÚDO FILOSÓFICO)

Para esquecer nossa briga, vamos comprar cachorrinhos. Briga é assim: um fez coisa errada, o outro também, e se ficássemos reconstituindo não se chegaria mesmo a uma explicação que contentasse os dois lados.

É melhor esquecer, mas também prestar atenção. Mesmo porque a briga é um tipo de retórica: argumentações em torno da isenção de culpa, numa espécie de "quem pode mais". A verdadeira disputa pode estar no *curriculum vitae*. O melhor agora é comprar cachorrinhos.

set 93

QUASE UMA FICÇÃO

Há coisas que fazem parte de uma compreensão melhor e abstrata que se tem da vida, como saber da coincidência sobre a mulher que perdeu a virgindade pouco depois da sua, em época que atravessou a pior das depressões.

Na esfera cósmica, isso seria até possível... Mas não, não vamos admitir que no seio da família estivesse o maior inimigo, porque, se ela perdeu a virgindade foi por finalmente encarar a responsabilidade de amadurecer.

jun 92

VOLTANDO À DISCIPLINA DOS ESTUDOS

Chega-se a casa em meio ao calor, à correria... Já não vai a lugares públicos para curtir. Curte muito pouco, pois está sempre pensando em como elaborar e aprimorar seu trabalho. Já está agora com uma nova ideia, incluindo as "cruzadas": descrição da formação do cosmos, do ordenamento... Já até tentou uma justificativa teórica. Mas um texto solto seria mais atraente.

out 93

Da namorada

FELICIDADE COM O NOVO AMOR

Maravilhosa é a manhã em que se volta a pé da casa da moça, toma-se café pelo caminho, abre-se logo o computador e dali irá ao estúdio para fazer música. Maravilhoso é o seu estado emocional e o consequente conforto físico.

O que mudou para ele? A alegria é justamente porque nada mudou, nada houve de diferente: sua jovem namorada continua linda e maravilhosa, e ainda faz questão de tratá-lo muito bem. Só de acordar na casa dela, e poder sair andando, faz tudo parecer *maravilhoso*.

mai 02

DIA A DIA DESSA FELICIDADE

O que poderia ser melhor do que amar, ser amado e ter ainda a recíproca do desejo sexual? Sigilos talvez ainda sejam necessários, mas, pelo que se nota, a pessoa certa não exigirá esse tipo de cuidado, ou seja, haverá de respeitá-lo em todas as situações.

Peitos são as coisas mais deliciosas de se enfiar o nariz. Desde a infância, para os homens e certos animais, não há aconchego maior do que esse. Curioso é que, na sensação de quem os lambe, isso também agrada à fêmea, passando a estimular algo mais profundo: a relação sexual.

mai 02

VIDA NOTURNA (COM A NAMORADA)

Hoje nota-se que gostaria de acordar mais sóbrio, física e psicologicamente. Para isso, não deveria ter saído. Mas se não saísse, não seria legal com as pessoas.

jul 02

Novas raparigas

JEITO DE GULOSA

A piada sobre os atores de cinema mostra bem o lado gostoso de uma atriz que tem a boca das mais lindas. Diz, implicitamente, que ela sempre teve os homens que quis (é feliz?), para aqueles lábios deliciosos beijarem e experimentarem o gosto deles, mas nenhum seguraria a onda de um enlace no anonimato, de um casamento convencional com um dedicado ao outro, esta joia preciosa que, por uma circunstância rara, ele estava disposto mesmo a oferecer.

Mas agora não sonha com um amor puro, e sim com um equilíbrio puro, pela capacidade de gerenciar suas coisas, de conseguir enfim ganhar dinheiro, ser remunerado por sua capacidade intelectual e sensível, e já nem se fala em música. Ainda pode tocar violão, aprimorar mais e mais as letras, mas só fará isso quando tiver um objetivo concreto e um modus-operandi planificado.

mar 94

COLEGA MUSA

Teve o fato novo de uma colega que, vendo a cadeira ao lado estar quase sempre vazia, fez-se amiga para ali sentar-se, conversar e rir com ele durante as aulas... Se o seu jeito lembrou-lhe apenas o de uma amizade dúbia (aquilo que passa por amor e ameaça), ela era até bonita (a estatura nunca o incomodou), e passaram a travar contatos não só sonoros (o tema da aula) como, levemente, de cheiro e tato (o que lhe lembrou a colega de outra faculdade, uma amizade já muito bem traçada).

Mulheres... Acha que as melhores (em teoria, pois na prática só conhece poucas) estão naquela faculdade, mas quando sai à rua e se depara com transeuntes tão sensuais (às vezes pela parte do peito acima do sutiã, às vezes pelo rebolado ou parte despida das pernas, às vezes pelos lábios) sente o lado mais instintivo da vida, em que não há prazer maior do que uma conquista (naquele momento, apenas imaginária).

Não sabe se é o mesmo tipo de sensação (porque a realidade envolve um mínimo de sentimento) que lhe desperta ao ver mulheres em cenas de beijo e sexo no cinema, essas, sim, mostrando-se totalmente e dando-lhe tesão pelo que fazem (ou pela maneira de parecer, ao menos, haver prazer).

O amor real é dúbio (pelo que envolve), mas é amor (único, nos dois sentidos). Antes de voltar à realidade, vai rever a fantasia (não por ser imaginária, mas uma realidade distante). Sexo que é bom, nem sempre acontece, mas a realidade é assim mesmo. Os envolvimentos são passageiros, e o melhor proveito é mental.

ago 99

ELOGIO AO ENSINO SUPERIOR

Nícol talvez ainda viesse a descobrir o nome da atriz que fez aquela cena memorável, e finalmente resolveu procurar na internet, tendo a felicidade de revê-la. A cena fora assistida ao acaso, em uma noite qualquer de dois anos antes (só a cena, porque o filme ele não chegou a ver mais do que quinze minutos). Lembrava-se de haver ironia e ao mesmo tempo algo de sensual e verdadeiro. Agora que pesquisou, pôde ainda entender uma parte do diálogo (pois estava dublado).

O cara explicava (com ela se mostrando interessada e bastante compreensiva) estar há quatro meses separado da primeira namorada, com quem perdera a virgindade e pouco depois lhe dera o fora. Por um evento casual (talvez religioso, mas ele não revela), havia parado de se masturbar (ato que se tornara um "tabu", como também chegou a acontecer com Nícol, por algum tempo) e para surpresa dela (muito bem demonstrada) revelou não ter ejaculado nenhuma vez nesses quatro meses (pouco antes do que se viu na cena que aprontavam). Foi tudo muito natural para ela, até mesmo a passagem do esperma diante de seus olhos, e mais ainda a ereção sob a toalha, que tomou como elogio.

fev 11

As imediatas de Nícol

"NÍQUEL" PREOCUPADO

Ele ouviu na TV que não passamos de uma reles forma de vida baseada em carbono...

abr 12

VIDA TECNOLÓGICA DAS ESTRELAS

Nícol ouviu o depoimento de uma ex-usuária de drogas em que se narrava eventos de uma época mais difícil, quando ela percebeu (tomou consciência) de que havia um grande vazio dentro dela, e que esse vazio só fazia aumentar quanto mais ela se drogava...
Ora, mas como pode um vazio aumentar de tamanho?

jul 13

DESEJO

Nícol não precisa ser uma pessoa de sucesso, ou escrever um livro que venha a ser bem aceito. Basta que lhe deem algum valor.

out 14

"LIXO ACADÊMICO TRAVESTIDO DE VANGUARDA CULTURAL"

Trata-se apenas de mais uma dessas moraizinhas bestas, escrita por algum jornalista. Mas caberia muito bem para várias situações das "artes" contemporâneas.

jul 11

O QUE SABE E O QUE ELE NÃO SABE

– O que você sabe sobre cordel?
(Nícol sabe que poesia, o nome grego, vem do verbo ποιεω = fazer. E pensa agora em um título inusitado – e irônico – para seu trabalho parecer mais sério: "considerações sobre o fazer poético". Que tal? Será que já existe esse nome?)

mai 13

CRÍTICA AOS NOSSOS VIZINHOS

Argentino parece burro. Em vez de falar "manga", eles falam "mango"... Nícol não quer parecer preconceituoso, mas talvez falte alguma inteligência no uso dessa palavra "mango", no lugar de "manga". Está na cara que o correto é "manga": existem até sobrenomes como "Mangabeira"... E a fruta mangaba? Eles agora vão dizer que o nome é "mangoba"?

jun 13

NÍCOL E OS ASTEROIDES

– Olá, Júlio. Já sabe onde passar as férias de julho?
– Em minha cidade: Natal.
– Onde comprou o sanduíche?
– Em Bauru; Itu? Tatuapé?
– Não, de carro

mai 13

BOA SAÍDA

– Manda-lhe um belo queijo e um beijo quente

dez 13

NÍCOL TRISTE

Pena. Depois de compreender melhor a história que o "alagou" por dentro, Nícol agora precisa... defender-se... pensar em rimas!

– Tornou-se prodígio... sem deixar nenhum vestígio.

jun 13

QUER PORQUE QUER...

E assim o cavalinho que foi deixado na chuva dificilmente sairá de lá... (trata-se de um "quesito esquisito").

jul 13

UMA AMIGA DE NÍCOL SOBRE O MARIDO

– Não, ele não sente ciúme... Sei que é normal sentir e outros sentem, mas ele não...
(Ao que parece, está sendo traída.)

jun 13

CONSELHO DE "NÍQUEL" A ESSA MESMA AMIGA

– *Ou você mesma faz aquilo, ou deixa de achar que alguém vai fazer exatamente do jeito que você quer...*

jul 13

A BIÓLOGA PEDE DIÁLOGO

Edward Bernard está a desenvolver nova teoria:
– Não que se queira polemizar sobre a mata, mas é preciso polinizá-la.
(Explicando melhor aos jornalistas, que não puderam entender)
– Uma coisa é espalhar o pólen; outra, muito diferente, é causar polêmica.

jun 13

CHANCHADA (DE UM LOCUTOR DESLIGADO)

– Ao longo das eliminatórias, é bem provável que o Peru cresça.

set 13

SUJEITO ENFEZADO

Nícol é um cara calmo, ao contrário do "Zé Mané" que não entende nada de pizza e quando lhe ofereceram uma já saiu gritando que não gosta de "catupariu" nem de "alcaporra" nenhuma...

dez 13

NÍCOL

– Você não costuma fazer sesta?
– Só sexta.
– ?
– Deitado numa cesta...

dez 13

BARTOV

Nícol não aprendeu a falar russo, mas se morasse no Chile, ou na Argentina, assim que nevasse usava esqui.

jan 14

CURA PSIQUIÁTRICA

Ela curou-se do recato para logo transformar-se em... exibicionista.

fev 14

Com certo non sense

EM BUSCA DO ACORDE PERFEITO (EVA VIU UM ALTO VOO À VOLTA)

– A aeronave não espera ela chegar.

jul 13

HOTEL DO ATOL

– É aqui a cidade da barriga, onde se pratica o *feminimachismo*.

mar 14

MELHOR UM NA MÃO DO QUE DOIS NO SUTIÃ

Ao par de catetos soma-se uma hipotenusa a seguir voando...
(À ordem dos dedos que se alternam na conduta.)

mar 14

HUMOR SUTIL

Nícol conheceu a namorada já faz uns cinco anos. Mais ou menos em 1578.

mai 14

BONITO NOME

– Sabe como chama este peixe? Cavalo magrinho.

jul 14

SEGREDO PROFISSIONAL

– Nossa... Como conseguiram filmar isso?
– Eles treinam uns insetos, que usam minicâmeras.

jun 15

TÉCNICO OTITE (É DE SE LAMENTAR?)

O mal-estar fora *devido* à dor de ouvido, que, *não obstante*, era bastante.
– Se ao menos fizéssemos outro gol e ficasse 7 x 2, já seria um vexame bem menor...

set 14

A MONTANHA DO MACACO FALADO

– Conhece a Chapada de Amantina?

out 14

LEITURAS DE NÍCOL

Ele não se lembra bem do nome do autor que está lendo, mas parece que é... Graciliamos Rano!

dez 14

CORPO "ECLÉTICO"

Nícol entrou para a prova dos cem metros "ralos", mas para desempenhar bem vai precisar de uma boa "médica", digo, de uma boa *média* de exercícios.

mai 15

BESTEIROL

– Ama ao próximo como a ti mesmo.
– Próximo...
– Cenas do próximo capítulo?
– Não, "o fim está próximo".

nov 14

RALAS

– Em relação ao que disse, o que ela falou?
(Ele sabe que não consegue pronunciar a palavra "tapibaquígrafo", então manda um "taqueopariu" baixinho, que quase ninguém ouve.)
– "Califórnios" fecais, é assim que se fala?
Responde agora com uma nova gíria paulista:
– Vou dar um "penteão" no cabelo.

jun 15

HISTÓRIA DO MUNDO

Talvez você já tenha ouvido falar em Ahti Ching – o imperador resfriado.

dez 14

DIFÍCIL EXP'R'ICAR

(No meu caso, não é só que eu gosto de paz e sossego: é que eu *preciso* de paz e sossego.)
– Dir Frozen, dá um "lerigou".

dez 18

Novas frases esparsas

ATENTO AO PASSAR DO TEMPO

– Que oração?

jul 15

NÍCOL GENTE FINA

Ele adora dizer isso:
– Sim, estamos trabalhando para melhor atendê-la.

dez 15

PENSAMENTOS DE NÍCOL

É melhor ter à mão um falso pdf do que um verdadeiro fdp.

dez 16

COISAS DE OÁSIS

Jupiter is just a pear

dez 16

O PAPEL DA *APPLE*

O professor-carro os levará a lugares dos mais incríveis, e lá poderão ouvir suas músicas maravilhosas de modo a apreciar um mar que se estenderá todo à vista.

fev 17

HAJA PAPO

A paciência de Nícol com os locutores de futebol já estava no limite quando teve de ouvir mais esta:
– O impossível pode às vezes acontecer; é muito difícil, mas pode.

jun 15

NÍCOL MATEMÁTICO (EM SUA CONTRIBUIÇÃO À CIÊNCIA DO ENTRETENIMENTO)

– Proponho a inclusão do "zero" à numeração romana, por meio da letra "O". Por exemplo, o nº 530 também poderia ser escrito como "LIIIO" (mantém-se a lógica de usar apenas letras, e provavelmente possibilitará operações mais complexas).
– Nova regra de xadrez: quando o peão chegar ao lado oposto do tabuleiro, poderá ser trocado também por um rei (e não só por rainha, torre, cavalo ou bispo). Assim, caso o adversário consiga dar xeque-mate, ainda haverá o

rei sobressalente.

jun 15

O JUDEU EM UM GOLPE DE JUDÔ

– Sabe como se diz jarra de suco em francês?
– *Jar de suc*?
– E capa de chuva?
– *Cap de chuv*?

set 15

ROMANCE EM DESMANCHE

– Farei quadros de seus quadris.

dez 15

O QUE NÍCOL PENSA DISSO

A atriz (que o apresentador afirma ser não só linda, mas capaz de escrever coisas das mais interessantes) cometeu uma gafe, ou mero ato falho, ao dizer que se pudesse "faria mais felizes as pessoas *pequenas* à minha volta".

mar 17

ONDE ESTÃO TODOS OS ÓCULOS

Há uma teoria de que os seres inanimados têm escolha própria, e que de vez em quando grudam na mão e esperam você estar bem distraído para se soltarem num lugar que depois fica difícil imaginar qual seria, apenas para pregar uma peça.

mai 18

BASTA

– Faço logo um *namastê*, como quem diz "não vai mais ter".
– Mamaste em mim – ela responde –, e agora vai...

jun 18

SERVE PARA SE SENTIR MENOS "MAU" (EGO INFLADO)

Na televisão, Nícol vê pessoas bem piores do que ele, no sentido de estarem no alto comando do mundo e se mostrarem, ao mesmo tempo, as que mais "se acham".

fev 19

FRUTA BRUTA

Se no singular se diz "cadê o lápis", no plural não poderia ser "cadeem os lápis"?
"Afora a farofa", claro.

jul 19

NÍCOL, CRIATURA NATURAL

É engraçado, porque quando fala sozinho (ou "consigo mesmo", se for pra atenuar), usa palavras regionais como "janta" e "picar a mula". Não fala tantas línguas, mas usa muitas variações dentro do próprio português, incluindo o "castiço".

nov 19

NÍCOL E A FAZENDINHA DE MÔNICA BRITO

Agora ficou pensando em quando for as 20 horas e 20 minutos do dia 20 do mês 20 de 2020...
Mas isso já acontece quase sempre, "anual e atualmente".
– Se forem jogar ludopédio, peçam ao sinesíforo que leve anidropodotecas.

nov 19

EXPLORAR E EXTRAPOLAR, COM SUAS PÉROLAS E PÉTALAS: AMANDA ESTÁ AMANDO

Pensa-se a cura da próstata como proposta abstrata. Pôde-se apelar a um só ingrediente, integralmente.

dez 19

MARAVILHA EM MAHAVISHNU

Trio eletroeletrônico é fake new: porque olho roxo não vê o que o coração ali pressente.

jan 20

NOMES AOS BOIS (NÍCOL ESTUDANTE)

"Pedante" é aquele que se expressa exibindo conhecimentos irreais. É bom saber isso antes de xingar o diretor da escola. Melhor dizer que é "afetado", "presumido"...

ago 91

Dito fim e a política

AINDA SE ESPERA O MÍNIMO

Nícol passará agora a acreditar no governo de plantão, depois de dizerem que "serão implantadas medidas contra o analfabetismo".

abr 09

SEGUIDORES DO FIM

Nícol acha impressionante (no mau sentido) a força dessa tradição dos apocalípticos. Ontem foram presos membros de uma seita chinesa que se baseava no calendário maia. É uma tradição antiga, e o próprio Cristo, que se apoiava no primo João Batista, era um pregador do fim dos tempos e de um julgamento moral de todas as almas.

dez 12

BINGO!

Wally tem uma tese interessante, mostrando que os manifestantes não são assim tão desmiolados. Afinal, por que São Paulo, sendo um estado tão rico, não pode dar educação, saúde, moradia e transporte de boa qualidade para toda a população? Alguém se arrisca a responder?

– Sim! Porque assim a população não precisaria mais trabalhar e deixaria de dar lucro aos capitalistas, isto é, a famosa mais-valia, pois toda exploração começa pela acumulação primitiva do capital.

– Também tenho aqui minha resposta: as pessoas seriam mais felizes, e não é isso que o sistema quer.

jun 13

ASSUNTINHO DA MODA

– É mesmo comovente saber que o cara se dedicou meses a escrever uma biografia caluniosa para lucrar em cima da fama de seu ídolo e depois foi impedido de vender os livros...
– Pior: não se para mais de falar nisso.

out 13

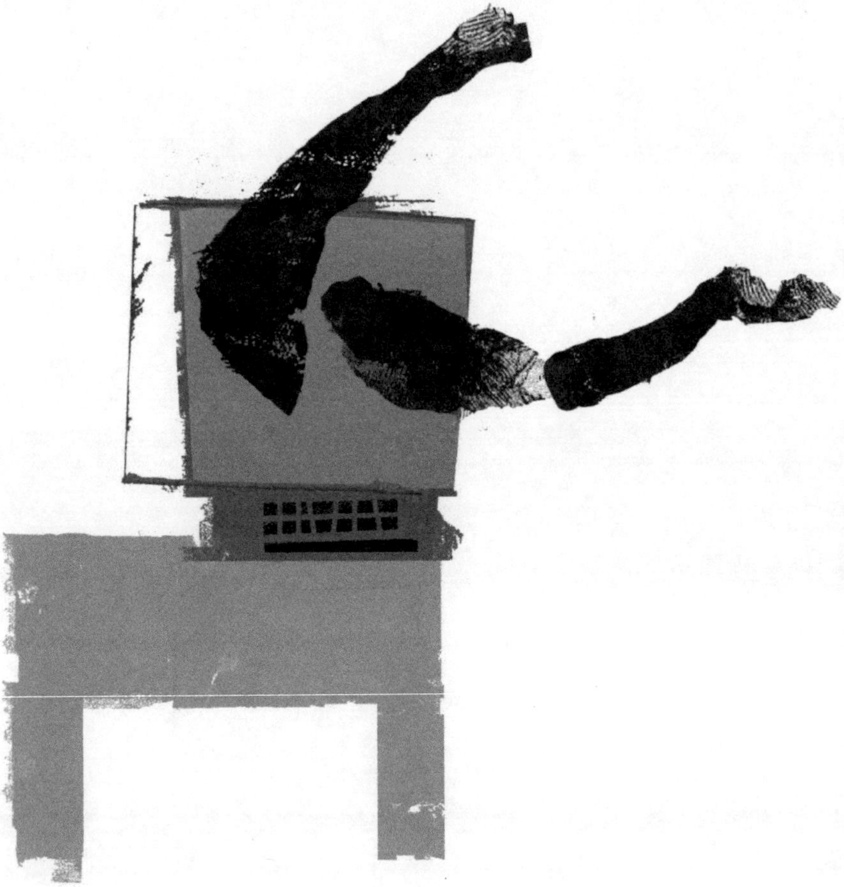

7 Política para quem precisa

Do cosmos ao oceano: "viagem ao mar"

UTOPIA

É extremamente romântico sonhar com um mundo novo. Qualquer pretensão de ecologia deve passar pela paz e pelo bem-estar das pessoas. Isso é tão óbvio como a necessidade que o homem tem de amar. Quando ouvimos falar que na conferência da ONU não foi usado papel reciclado para os trilionários gastos burocráticos e que foi servido churrasco aos chefes de Estado, precisamos ser um pouco mais didáticos:
— Haverá cuidados com o meio ambiente quando houver paz. Se não houver paz, haverá gastos com guerra e será sabotada a ecologia alheia. Para haver paz, é preciso haver distribuição igualitária do consumo. Enquanto um povo tiver mais que outro, haverá guerra em potencial. Para que o mundo comporte além de sua superpopulação humana o rebanho que proporcione consumo de carne, essa carne, dividida entre os povos, dará uma frequência à mesa de cerca de duas vezes por semana, e não a fartura reivindicada a si próprios pelos políticos. Um consumo mais distribuído de combustível também proporcionará ao cidadão a utilização de seu automóvel numa determinada quilometragem por semana.
Também o seu amor será proporcional à capacidade de amar.

jun 92

TEORIA DAS REPETIÇÕES EM FALSO

Bilhões de anos atrás, uma explosão que não pôde ser concebida sem suas dimensões de espaço e tempo deu origem a todas as coisas. Supostamente derivou-se de uma matéria existente desde e para sempre, como simples possibilidade de um processo determinado a múltiplas direções e capacidade de alterar-se, anulando o que não haveria de ser.

Estivesse aberta a idas e vindas, ao estar e não estar do espaço anterior (exterior e interior à unidade), não possibilitaria que coisas distintas ocupassem o mesmo tempo.

Reproduzindo-se por caminhos diferentes, em meio à própria alteração do tempo a cada fase do processo, instituiu-se a velocidade das transformações e reincidências esporádicas. Até que em várias reproduções gravitacionais se desenvolveram órbitas de gases. O Sol e outras estrelas adquiriram constância, possibilitando a vida.

jan 01

TEMPO, TEMPO

Enquanto me dou conta de que o planeta já existe há 4,5 bilhões de anos, e o Universo há uns 13,8 (a vida há uns 3,5), e que bem neste momento estamos vivendo o tempo *presente*, que é o resultado disso tudo (e está acontecendo exatamente *agora*), também me vêm à lembrança outras questões básicas ligadas à existência:

– Deixando de existir como pessoas conscientes, juntamo-nos à unidade material do cosmos? (não era para ser tão superficial a minha pergunta, mas dentro desse tipo de ideia).

A única coisa que realmente podemos é deixar rastros materiais e biológicos do que fomos, e somente pelo tempo que ainda houver à frente, que é, pela ordem: (1) o da civilização – cultura racional; (2) o da espécie humana; (3) o da vida no planeta; (4) o do planeta.

abr 19

NOSSA FAUNA, OU COMO FAZER JORNALISMO (ESPÉCIE DE BLEFE)

Calcula-se que existam 30 milhões de espécies, das quais só 3 milhões foram catalogadas (número totalmente chutado, mas que serve para dar um tom de seriedade à abordagem)...

dez 14

Momento introdutório: de volta à escrita

O TEMPO EM QUE VIVO

Por dentro do campo filosófico, estabelece-se uma síntese entre vertentes da linguagem escrita (que inclui imagens – desenhos e pinturas, projetos técnicos, fotografias) e da falada (o som momentâneo que pode ser transmitido ao telefone, rádio etc.). Esta última pode se apresentar como produto fixo, no caso de um CD, mas de qualquer modo a mensagem se apreende pelos ouvidos. É diferente do computador, onde o texto é virtual, mas apreendido com os olhos.

Luz e som são a síntese, desde sempre, mas não é preciso voltar tanto... O que a rede planetária de computadores tem proporcionado de importante é a volta à predominância da linguagem escrita (sendo a ida a difusão do telégrafo, telefone e rádio – a televisão é uma linguagem mista, assim como o vídeo, que é produto pronto).

Não posso me vangloriar de um domínio especial da língua escrita nacional por ter feito faculdades de Letras, pois o programa utilizado neste computador, acessível aos profissionais de outras áreas, já adianta a solução para qualquer dúvida. O que vejo como possibilidade maior da internet é justamente o acesso democrático a informações relevantes sobre qualquer área (até os dados estatísticos solicitados equivocadamente por uma matéria da FAU), escolhendo-se uma fonte confiável (no meu caso, a USP).

set 99

MOVIMENTO FILOSÓFICO

Faz parte do sonho, ou da utopia, querer do Universo que se adapte ao que só existe em teoria: que as águas fossem divididas por igual entre todas as plantas, que seriam divididas por igual entre todos os animais, que não mais se esforçariam para conseguir o que precisassem... Não haveria mais sofrimento: tudo estaria resolvido, sendo todos perfeitamente felizes. O que cada um produzisse seria dado a um grande chefe, que distribuiria por igual entre todos os súditos, não importando o mérito e o caráter (se fossem dados a cortar cabeças de jornalistas, por exemplo, esta seria apenas uma diferença cultural, a ser respeitada).

E assim voltaríamos ao tempo em que todas as espécies eram imutáveis, não se podendo dar ração a um animal sem pensar que do outro lado da galáxia haveria outro que estivesse recebendo menos, em uma situação insustentável... A Obra estaria concluída quando se atingisse o equilíbrio ecológico perfeito, controlado por um grande chefe, de poder totalitário, a supervisioná-la.

set 14

COMENTÁRIO POLÍTICO

Quisessem comparar as consequências da chuva em São Paulo e na Holanda, veriam que há um fator extremamente determinante: o capitalismo selvagem daqui, a pobreza e a mesquinharia resultantes disso (ela é cultural: os portugueses são um povo dos mais pães-duros que conheço) fazem com que tenhamos pouca noção do coletivo; só da individualidade.

Não é à toa que o transporte urbano favorece o uso do automóvel particular, gerando engarrafamento. Fora isso, as autoridades públicas, com seu funcionalismo corrompido, ineficiente e corporativista, são incapazes de melhorar o problema. Como disse um jornalista (bunda), "não são capazes nem de prever o passado".

jul 95

NADA DE NOVO

Voltando à questão do coletivo. Na Europa, faz-se o cinema com ênfase no roteiro. Na América, enfatizam-se só os egos. O egoísmo brasileiro é imitação do americano. Não é lá que se constroem cidades pensando-se prioritariamente no uso do automóvel?

ago 95

MUNDO MODERNO

O modo yuppie é, em verdade, menos darwinista do que lamarckiano. O estímulo à guerra acirrada entre empresas e executivos nada tem do acaso que rege, em última instância, a evolução das espécies.

Nas atividades de jardinagem, surf, artes plásticas, rock, talvez seja um estímulo saudável o uso da maconha. Não nas intelectuais, como concorda o Dão.

jun 93

O PENSAR

O tempo todo, descobrindo o que nos convém, o aprendizado sobre o mundo se renova. Há verdadeiros processos cíclicos, ou melhor, helicoidais, em que nos reconhecemos voltando atrás na nossa maneira de pensar. É justamente aí que se solidifica uma opinião, um parecer, uma "ideologia".

O que nos garante que a mesma ideologia possa servir para duas pessoas? A identificação de traços permite a confluência de interesses, e os consequentes fortalecimentos de suas defesas.

Entrevendo o conhecimento que se tem dos livros, as ideias possíveis de atuação, estamos aí fortalecendo a psique com informações próximas à fonte. E que isso dê certo.

jun 93

MAIS UM POSICIONAMENTO QUE NÃO SE SUSTENTA

Nova utopia: a de que é mais interessante um território pequeno com grupos isolados que falem diferentes línguas, porque assim haveria mais "diversidade" (quando na história humana, um grupo se fortalece justamente pela ampliação de uma língua comum entre vários povos).

(Pode-se ilustrar isso melhor: trata-se de um saudosismo. A humanidade já foi assim, com vários grupos próximos falando línguas diferentes e digladiando entre si; se isso se tornou pior com os impérios e a comunicação ampla, então quando éramos macacos também éramos mais felizes que quando nos tornamos hominídeos.)

mai 19

A política atual em apanhados filosóficos (o que há de ficção)

LÓGICA DA COISA

O partido do governo diz que vai expulsar todos os corruptos. O último a sair, por favor, apague a luz do palácio.

dez 14

A MAIS PURA VERDADE (E QUALQUER SEMELHANÇA É APENAS COINCIDÊNCIA)

Como diria Galileu (faço minhas suas palavras), ao ser preso e interrogado pela Inquisição:

– Sim, tudo gira em torno da Terra: Sol, Lua, planetas, asteroides, cometas, poeira cósmica, estrelas, *tudo* gira em torno da Terra.

mai 13

CONSTATAÇÕES

Artista = ser humano ao mesmo tempo iluminado e atormentado.

Socialismo = religião no sentido de desmerecer o esforço: tudo é concedido (por Deus ou pela sociedade = governo dos homens). Vive-se a eterna incompetência da América católica (mas na Europa ainda se busca levar a sério, havendo alternância de poder).

mai 10

BEM POSICIONADO CONTRA AS RELIGIÕES

O assassino de ontem deixou escritos que associam o crime bárbaro a motivações religiosas. O mesmo se passava com o homem que matou John Lennon (artista que nos propôs imaginar um mundo melhor, humanamente possível desde que houvesse, entre outras condições, a de *"no religion"*). Isso sem falar nas guerras de motivação religiosa, sempre as piores.

Por isso, a atitude francesa de proibir símbolos religiosos nas escolas públicas é "louvável". Talvez a única maneira de a humanidade não se destruir seja esclarecer a todos que a religião é um vício, coibindo cada vez mais o fanatismo, que poderia ser entendido como doença degenerativa.

abr 11

HORÓSCOPO

Andaram ocorrendo coisas diferentes. Ou melhor, de modos diferentes. Pelo jornal constatei uma perspectiva nebulosa na seção de horóscopos. Mas não ligo, tento entender, consertar a *minha* situação. Há os que dizem que a felicidade está dentro da gente, que se trata de um mero estado de espírito, mas acho que acreditar nisso é facilitar a entrada da ignorância.

Os fanáticos religiosos, e os políticos, são felizes? Os políticos idealistas, acho que sim, na sua maioria. Porque não tem nada a ver compará-los com fanáticos religiosos. São materialistas e têm uma proposta de sociedade. Condenam um pouco a individualidade e a personalidade, quase sem querer, mas muito do que querem faz sentido. Só que têm a visão curta, ou encurtada.

mai 92

Modernidades

REDE SOCIAL

– Epaa! Vai ser fácil mudar o mundo com um post nervosinho?
– Sim, é só dar uns chiliques...

ago 16

POR QUE ISSO?

Acho cada vez mais lamentável essa atitude de amigos ditos "politizados" em ficar fazendo guerrinha contra quem tem opinião contrária. *Liberdade de expressão já!*

fev 12

O PORQUÊ DAS PREGAÇÕES NAS REDES

Não acredito que pessoas da minha idade sejam ingênuas a ponto de acreditar que suas postagens sirvam para convencer alguém de alguma coisa. O motivo maior para emitir opiniões políticas deve ser mais o de aproximar pessoas que pensam parecido que o de tentar mudar a opinião de quem pensa diferente.

Minha escolha em não especificar maiores posicionamentos é por acreditar que no fundo ninguém sabe de nada, nem se tem razão sobre nada.

dez 19

REPETINDO

Tudo são narrativas, tudo versões, e uma tão falsa quanto a outra. Todas são falsas.

Algumas são mais *estúpidas*, por jogarem as pessoas umas contra as outras, semeando ódio. Mas no fundo, tudo são versões e todas são falsas.

Tenho um amigo que gosta de analisar o quadro político, mas é coisa de jornalismo: complexo de querer dar opinião e entrar na polêmica. Ele gosta de "provar" que sabe mais do que os outros e que a "narrativa" dele é mais acertada.

set 16

Jornalismo para quem precisa

TROCADILHOS

Dica de manchete para os novos jornalecos que se propagam pela internet – e que poderiam ser um pouco mais criativos:
– TCU deve investigar repasses à CUT dos negócios feitos com a UTC.

jul 15

A "FALHA" CONSERVADORA

A crítica literária da *Folha* é, realmente, uma zero à esquerda. Recomendaria ao Sr. Manquelo Caolho que se preocupasse um pouco menos com as posições da Igreja e mais com o livro, de fato exemplar, só que lido e criticado com três meses de atraso. O atraso, aliás, é a marca de discernimento dos críticos desse jornal, tais como o Gato Scalzodado...

jan 92

É DE FATO UM "JORNALECO"

O trecho que li daquele autor de crônicas interioranas – o de hoje, como prefácio dos pensamentos do Gandhi – era de uma breguice generalizada, falando em algo como "o verde que tomou conta do mundo". Contou coisas de uma prostituta que ele, com seus olhos de intelectual, contentou-se em observar e negar-lhe o sexo.
Se fosse um escritor para valer, e sozinho, onde estava, teria ido pra cama com ela e narrado isso depois. Pudor é covardia. É pudorento esse jornalista com nome de padre – e isso, eles da *Folha*, nunca vão entender o significado.

out 91

IMPRENSA MACHISTA – QUANTA BOBAGEM

Acabo de ler a *Casseta*. Fico um pouco constrangido com a ofensa, ou desprezo pela capacidade do leitor em discernir.
Como a política nacional não agrada a ninguém (ou talvez só aos políticos), esse tipo de charge é o que mais dá certo. Mas nos outros pontos – a maioria –, o machismo às cegas peca no mínimo pela falta de humildade.
Acho que a frase é do Millôr: "comer uma mulher diferente a cada dia é uma

boa tática mas uma má estratégia". O malandro que expõe as intimidades da família na mesa do bar para os "amigos" acaba se alienando da própria família (e quando é traído, é melhor que não saiba). Ou, aquele que tenta esconder ou desprezar a "mocreia" que comeu, para não "queimar o filme", está ainda em pior dificuldade.

nov 91

SENSACIONALISMO DOS JORNAIS

Fiquei particularmente chocado ontem com a história do "homem-gabiru". Cheguei a anotar:

> No ócio de domingo à noite ligo a televisão e fico chocado com a apresentação de um sujeito nos mesmos rótulos usados pela *Folha*: "homem-gabiru", "subespécie"...

Segunda de manhã, no jornal, o mesmo sujeito e os mesmos termos. Os nazistas, para defenderem o termo "raça pura", escolheram um sujeito do campo, loiro, de olhos azuis, que seria o típico "ariano" (modelo do homem genético e linguístico em relação ao qual os outros seriam degenerados, ou inferiores). O raciocínio é o mesmo, e o posicionamento, também.

Os jornalistas da *"Falha"* devem gostar muito do Silvio Santos: besteira da grossa.

mar 92

Verdadeira ficção (humorística)

A PATA "GÔNIA"

Espécie de cegonha que vem lá do Sul... Com a descoberta de um par de vírus gigantes, os seus enormes genomas poderiam redefinir a compreensão humana da vida.

O loco loco loco...

jul 13

APOLÍTICA

Já em Brasília, descobriram um tipo de bactéria que causa oportunismo.
A nova senadora vai agora partir para o "tudo ou nada". Mas antes, precisa

dar um trato no visual.

ago 13

HUMOR PRA QUE TE QUERO LIVRE

Não sei se é verdade, mas disseram que os japoneses estão desenvolvendo a criação de um novo tipo de abelha, que em vez de mel, vai produzir geleia.

set 13

TÁTICA INFALÍVEL PARA A CONCENTRAÇÃO

O novo partido planeja agora concentrar-se na rua 25 de Março, onde fará sua primeira manifestação reunindo milhares de pessoas.
– Nossa... Manifestação na 25 de Março? Por que não pensaram nisso antes?

nov 14

RESUMO POLÍTICO

A turma de Nícol está agora escolhendo em quem votar e só não sabe se será segundo o Ibope ou o Datafolha.

set 14

BEM QUE SE IMAGINAVA...

Uma penca de funcionários do governo está sendo acusada de corrupção, e se pelo menos um deles não tentar fugir para o exterior, não acho que vá ter muita graça...

nov 13

LEI DA COMPENSAÇÃO

O Brasil não tem maremoto, terremoto, furacão etc. Em compensação, tem os piores políticos.

abr 14

FANTASIA EGOCÊNTRICA

A farsa de todos os políticos (incluindo magistrados) está em se esconder por trás de palavras como "retidão de caráter", "dignidade", "honradez".

jun 18

DISCURSO SINCERO

Declarou hoje o dito representante do povo:
– Quando me candidatei, eu queria de fato melhorar o país. Mas depois de eleito, com o passar do tempo, fui trabalhando melhor essa necessidade dentro de mim e aprendendo a relaxar um pouco. Já não penso que haja tanta importância nisso tudo.

jul 19

ANTICAPITALISMOS CÍCLICOS

De um lado e de outro, vê-se tudo sob o prisma de um "pré-julgamento", e de maneira, claro, "pré-conceitual".

nov 19

POLÍTICA MAQUIAVÉLICA AO FIM DAS ELEIÇÕES

Depois de uma ligeira melhora do candidato A nas pesquisas, difundiu-se um raciocínio totalmente maquiavélico: como os eleitores de B não votam em A no 2º turno, eleitores de A deveriam votar em B no 1º, porque B tem mais chances que A no 2º. Quanta lealdade...

set 14

Adentrando em posicionamentos

DESCRENÇA NA POLÍTICA

Ser apolítico é não deixar pesar sobre mim a responsabilidade por a humanidade ter ou não dado certo. É cada vez maior minha indiferença em relação a isso.

ago 17

TALVEZ DOAR

Faltaria ainda falar dos meus planos sociais, ecológicos e principalmente educacionais de colaboração para o país. Pretendo reservar uma parte do que tenho para beneficiar outros setores da sociedade, de maneira construtiva (e não destrutiva: eu não destinaria parte do que me me deram para colaborar com movimentos que usam da violência). Todas as ideologias são válidas quando representativas.

fev 01

ESTATISMO E MUNDO CÃO

Política vem de "polis", e deveria trazer civilidade.

Foi um grande absurdo a tentativa de retirar hoje meu RG renovado. É um cu, diria Saramago, essa burocracia estatal. Mais de duas horas, de fila em fila. Eu estaria lá ainda, mas duas horas foi o limite. Fica pra sei lá quando. O pior não é a desorganização deles: é o fato de considerarem normal deixar as pessoas em fila.

Mas muito pior foi ter de ouvir o rádio (alto) da vizinha: programa policial, desses cuja intenção maior é trazer pânico, amedrontar e traumatizar as pessoas com uma falsa lição de moral, para que ninguém saia da linha: uma linha totalmente forjada por eles, de pura repressão social.

Contava a história de uma mulher que teoricamente havia feito amor por dinheiro. Eles a seguiram de carro, chegaram antes na casa da mãe dela e violentamente a revistaram perguntando a origem daquele dinheiro. Depois de muitas agressões verbais, "sua cachorra, sua vagabunda", quiseram se passar por bons conselheiros, salvaguardas da lei, explicando que era melhor ela ficar quieta para que nada fosse usado contra ela e que falasse por advogados no inquérito. Filhos da puta! Foi horrível.

mai 92

DIÁLOGO SOBRE A SUJEIRA

Já me disseram que o tempo vale a pena.

– Eu não acreditava que a TV Manchete pudesse fazer uma reportagem tão genial. Falou dos grupos de extermínio como parte de bandos organizados, inclusive de muito espaço na mídia.

– Pois é. Basta ver os programas de rádio metidos a policiais, como se aquilo fosse a polícia.

– É, e você não acredita na declaração de um desses loucos. Perguntado se os estímulos que ele dava de punição e morte aos marginais incluía os menores de idade, ele respondeu com outra pergunta: "e bandido tem idade?".

– Se esses bandos organizados estão na legalidade, há defeitos constitucionais.

– Mas pera aí! A constituição em si não é nada, o problema são os usos interpretativos dela.

ago 91

Assuntos mais polêmicos

FEMINISMO VAZIO EM PESSOAS QUE SE ACHAM ISENTAS DE CULPA

Precisei hoje silenciar porque ela, ao contar que esteve nos EUA, fez logo um discurso antiamericanista. E é dessas "idealistas" meio sem noção. Parece não saber que o sangue que corre em suas veias veio de homens e mulheres, metade cada, e todos "*sapiens*".

Todos esses crimes cometidos por *sapiens*, em milhares de anos, correm nas veias dela. Estamos todos entrelaçados. Ser idealista não significa que não se fez parte de todos esses massacres e não se tenha sobrevivido justamente por ter participado deles.

Os idealistas não dizem que todos os que são ricos o são porque algo de injusto aconteceu no passado? Todos os que somos sobreviventes, na espécie, o somos por descender dos vencedores de conflitos, que certamente resultaram em massacres injustos, por milhares de anos.

jan 18

NA VOZ DA PERSONAGEM

– Isso que hoje se chama de "refugiados", mil anos atrás já foi tido como invasores. Digo, expulsos de onde estavam, saíam a procurar refúgio em outras civilizações, onde só eram aceitos como escravos.

fev 18

DINHEIRO E EXAUSTÃO DA NATUREZA

Há milênios inventou-se – primeiro entre grupos próximos, e depois, em sua consagração, foi adotado pelos grandes impérios – o *dinheiro,* a unidade de troca ou comércio, que passou a ser a mesma para todas as mercadorias, e assim a referência de *valor* das coisas. Do mesmo modo que a religião e a conquista bélica na formação de impérios, ele passou a ser um grande fator de unificação entre humanidades distintas (o maior deles), tornando-as capazes de impor-se a outras com muito mais força (pela amplitude desse território de troca ou comércio).

Há tempos, o dinheiro serve para quantificar o valor de todas as coisas (das que são "compráveis", como fazem questão de dizer alguns).

Então, faço o seguinte raciocínio: não importa se a pessoa votou no Bolsonaro. Se ela recebe e gasta dois mil reais por mês, ela custa para o planeta dois mil reais por mês. De toda a riqueza que o planeta produz (naturalmente ou manufaturadamente), dois mil sustentam essa pessoa. Uma pessoa que precisa de 50 mil por mês para ser sustentada, não adianta dizer que é consciente, engajada, defensora do planeta. Ela não é. Ela suga o planeta. Não importa em quem ela vota. E pior de tudo são esses políticos que se dizem engajados em causas sociais mas custam muito caro ao Estado.

out 19

NÃO HÁ COMO INTERVIR

Esquece-se que vivemos em um mundo de seres vivos que está sendo moldado há *bilhões* de anos pela seleção natural: cada bactéria que respiramos junto com o ar, cada folha que arrancamos sem querer, ou cada inseto que esmagamos, vive ou viveu porque passou pela seleção dos melhores de uma prole ou espécie por *bilhões* de anos.

É legítimo que o ser humano queira agora interceder a favor dos menos favorecidos nessa competição, mas deve estar ciente, por exemplo, de que alguns não sobreviviam ou deixavam descendentes férteis antes de haver civilização, quando se foi capaz de trazer a todos uma relativa segurança.

out 19

Voltando à ficção

ENRIQUECIMENTO DO MUNDO

Aqueles que gostam de idealizar o passado falam de um mundo menos injusto. De fato, antes da Revolução Industrial, todos eram mais próximos na pobreza. Os países ricos de hoje, de renda per capita de 30 mil dinheiros, tinham renda média de 1,5 mil, equivalente à renda dos países mais pobres de hoje, que na época era de 0,4 mil (o Brasil, hoje, tem renda de 3,5 mil dinheiros).

A industrialização começou a mudar isso por volta de 1820. Primeiro foi a Inglaterra, depois os Estados Unidos, e em seguida quase todo o planeta, industrializando-se e aumentando sua renda per capita, apesar do brutal aumento populacional também gerado pela industrialização.

Para os liberais, alguns países ficaram ainda mais ricos porque tiveram maior progresso econômico em relação aos que se mantiveram pobres. Para os esquerdistas, essa disparidade ocorreu pela transferência de renda decorrente de imperialismo e exploração da mão de obra.

mar 06

CANA

A iminência de um ataque ao Irã evidencia não só a real capacidade daquele país de fazer a bomba ("tudo uma questão de tempo") e ao mesmo tempo de fabricá-la em qualquer quintal ("luxo para todos"), já que há um exército de suicidas dispostos a destruir Israel, como mostra a preocupação com o esgotamento dos recursos naturais (e por isso sobe o preço dos minérios), principalmente energéticos. Não à toa, todos os países que produzem e exportam petróleo têm governos tumultuados.

Vem daí a valorização da cana-de-açúcar, espécie de gramínea, planta de maior produtividade na transformação da terra em energia. O Brasil, que começou produzindo cana para o mercado mundial, ao que parece, continuará a fazê-lo (*"Canavial pra sempre"*).

mai 06

MAIS UMA IDEIA DE JERICO

Termos técnicos da língua inglesa são necessários para acompanhar o desenvolvimento tecnológico. Só na cabeça de alguns políticos é preciso rebatizar os termos em cada língua, para que a comunicação fique mais difícil.

Querer dizer que a nossa língua é, ou tem como ser, pura é de uma pretensão brutal. E assim vai nossa política, nas mãos de tantos insensatos.

set 06

VIDÊNCIA

Nas próximas eleições os políticos farão discursos furiosos condenando a podridão da miséria humana.

(E há muitos *tomados do desejo/ de nos atropelar/ não podendo ver agora/*

o *nosso trem passar.*)

out 06

LEI DA FÍSICA

Onde está o Retorno? Colhe-se o que se planta. Colhe-se na medida do que se planta, havendo ainda a perda administrativa (tipo "custo Brasil").

abr 07

HERÓI "REAÇA" (PURA FICÇÃO)

Chegou ao topo do poder sem passar de um ingênuo depositário de favores. É até curioso que, com todo o seu passado de falcatruas já descobertas e comprovadas, as pessoas ainda falarão desse sujeito com a boca cheia, como se fosse um Salvador da Pátria.

Para alguns, não passa de um comunicador de massas, como Chacrinha e Silvio Santos. Está agora à procura de uma ideologia para embasar seu discurso.

set 07

FALAÇÃO EM FAMÍLIA

Nícol está de novo constrangido em uma dessas reuniões que eram para ser afetivas mas ficam tensas pelas conversas metidas a políticas, de uma densidade informativa que, se chega a ser acima da média, se iguala a duas ou três páginas de um bom jornal.

nov 07

Partidarismos

A POLÍTICA NO PAÍS

O Brasil ainda poderá se tornar um país admirável, mas isso levará muitos anos para acontecer. Digo, o país como conjunto de sua população, porque em matéria de natureza é dos mais belos que há ("ainda", porque muito já foi destruído).

O tempo sombrio das repúblicas corporativistas ainda não se sabe quanto durará. A demagogia impera nos discursos de todos os lados, que se mostram mais perigosos quando se nota que a maior parte da população ignora as consequências de um mau governo.

nov 07

MENOS POLÍTICA PANFLETÁRIA

Digo não ao *político-partidário*; não se discute política com posições dogmatizadas...
Longe das demagogias, não se quer aqui um partidarismo mal definido. Ou se tem noção real dos desafios, ou só se atrasam as soluções, e o problema aumenta. Não, aqui não, em mim não entra essa política partidária. Que haja clareza.

dez 07

PIOR CEGO É O QUE NÃO SE IMPORTA MESMO COM A DERRUBADA DE FLORESTAS

Acho incrível quem acredita nessa pseudoposição entre os dois partidos que estão no comando. Ambos defendem que a pequena propriedade só precisa preservar 20% de sua área. E como a meta comum é que o Brasil passe a ter somente pequenas propriedades, qual a chance da Amazônia?

jun 11

IDEOLOGIA ACIMA DA CIÊNCIA

O conceito de "raça" (para cavalos, cachorros etc.) em genética é, ao contrário do que os racialistas tentam passar, o de *constância nas características*. Quando querem passar a ideia de uma raça "parda" ou "negra", estão apoiados em outro tipo de ciência, até porque a variedade genética dentro da própria África sempre foi maior, uma vez que a humanidade está lá há mais tempo e assim se reproduziu (trocou genes) por mais vezes.

(No fundo é uma tentativa desesperada de superar as desigualdades por meio da guerra, instituindo que há dois lados para legitimar o *ódio* e criar novas diferenças.)

dez 11

VISÃO DE CADA LADO

Basta ser oposicionista para se notar um país sendo pessimamente administrado, e basta ser situacionista para achar que está tudo dentro da normalidade – e que esse pessimismo todo seria uma espécie de golpismo.

fev 15

O que eu tenho a ver com a Colômbia e a Venezuela

COMO É DIFÍCIL CONCORDAR COM ISSO

Acordo no meio da noite e o que mais me irrita está aparentemente distante da minha realidade: são os "ridículos tiranos" a tirar proveito inapropriado desta "América católica".

jan 08

GUERRILHA SEQUESTRADORA – E TEM GENTE CONCORDANDO

Preciso dizer: a liberdade das sequestradas, aliás, especialmente da Consuelo Rojas (está certo o nome?) tem me tocado demais, como se fosse a antiga mulher amada, hoje perdida na selva, ou a própria Ingred (ou Ingra, esta sim, ainda mais me tocando por algo que lembra e não sei explicar, como já percebi na "Shakira"), como se por amor eu ainda pudesse resgatá-la – salvá-la e levá-la da selva – por ser importante o que ainda pudesse sentir.

jan 08

AINDA O CONFLITO NA COLÔMBIA

Vejo agora o meu equívoco de ontem. A sequestrada que mais me emocionou (aliás, a outra, bem...) se chama *Clara Rojas*, e já há suspeitas de que tenha colaborado com os guerrilheiros.

Acho engraçado que os editoriais tenham explorado pouco a banal realidade de que a guerrilha dos narcotraficantes é sim um movimento terrorista, *porque age à base de sequestros*, muitas vezes de pessoas completamente inocentes sobre sua causa.

O mais ridículo, óbvio, é que haja pessoas que defendam o ditador que está por trás e é talvez o maior inspirador desse movimento.

jan 08

UM SEQUESTRO A MENOS

Fatos da semana (os dois na quarta): libertação de Ingra Betancourt (ontem vi declarações ridículas de dois presidentes sul-americanos que seguem a linha do ditador; um quis passar a ideia de que foi uma libertação negociada, e que a guerrilha merecia algo em troca; outro foi ainda mais longe: lamentou não ter sido uma negociação pacífica e sim com participação do exército – depois de seis anos de sequestro e sem ter havido nenhum derramamento de sangue na operação).

Lembrou a final da Libertadores (não que eu simpatize com times do Rio, mas a derrota se deveu entre outras coisas – como a nossa fase política – ao "arbítrio do juiz").

jul 08

MUDANÇA DE NARRATIVA (AINDA A COLÔMBIA)

Foi uma pequena manifestação de saturação vulnerável a uma simples gota d'água a minha resposta de ontem sobre a proposição ridícula (tese de muitos, para ela) de que a *Ingrid Betancourt nunca foi presa pelas Farc*, e sim participou de uma montagem para parecer vítima.

– É só para não se admitir que há maldade dentro das Farc? – perguntei, depois de hesitar um pouco.

Essa minha resposta escapou porque muitas outras estão entaladas na garganta. Só sobre esse caso, falou dizer que a organização colombiana ainda causa muita morte e sofrimento não só nos atos diretos (matança, sequestro, tortura), mas principalmente nos indiretos, pela destruição de vidas que se viciam nas drogas que eles manipulam, pelas guerras de quadrilhas e estímulo geral à violência em nosso país.

dez 08

PESOS E MEDIDAS

Os responsáveis pela nossa política externa parecem imersos em uma estranha fantasia ideológica, pois quando a polícia do outro país desfere tiros contra estudantes, saem em defesa do ditador. "Matar inocentes, por que não?" Pra tudo se encontra uma razão de ser.

Ontem foi metralhado outro estudante, prendeu-se um oposicionista e nossa diplomacia diz que está tudo na mais santa paz, não havendo presos políticos por lá.

mar 14

Haitianos e sírios

JÁ ESTÃO CHEGANDO

Com palavras azedas, o governador do Acre descreveu a elite paulista como portadora de um "preconceito racial" e defensora de uma "higienização". A psicologia mostra que por trás de sua declaração está o peso da própria consciência: ele pagou 1,3 milhão de reais para fretar 41 ônibus e despachar de surpresa os que chegavam a seu estado, a 3.465 km daqui.

E se o governo do Acre quer se livrar deles, também o de Brasília se recusa a recebê-los (é onde fica o tal de "Ministério das Cidades", que os destinou rapidamente aos estados do Sul; se fosse pela geografia, os haitianos escolheriam Cuba, a 100 km de seu país, mas já não são tão ingênuos).

mai 14

O AUTOELOGIO POR "NÃO SER ASSIM"

Ouve-se de um deputado que espera agora a "derrota dessa elite paulistana mesquinha que odeia os nordestinos, negros, gays, pobres, enfim, o povo brasileiro".

Assim, segundo ele, metade dos eleitores – aquela que não é povo – odeia o povo.

out 14

MANIFESTAÇÕES DE SÍRIOS NA EUROPA

Repare-se que não há nenhuma mulher; elas estão em casa, com seus véus, afastadas das decisões políticas. O tipo de civilização que esses manifestantes gostariam de impor à Europa foi superado já na época dos gregos (muito antes da Idade Média, portanto), mas os "revoltadinhos" daqui acham que seria fácil desmontar o machismo no Oriente Médio, se dependesse da boa vontade dos europeus.

set 15

Rápidas e rasteiras

SAMPA E O TRÂNSITO PIORADO

Estamos com menos trânsito nas ruas: parece que hoje a prefeitura resolveu congestionar só a Zona Leste.

abr 08

CANDIDATO A "PRESIDÊNCIO"

Silvio Santos não perdeu o rebolado. Quando sua casa foi assediada por jornalistas, serviu lanche e cafezinho.

jun 08

CENSURA MODERADA (NUMA CONVERSA ENTRE DITADORES)

– Aí eu disse: "podem publicar o que quiserem, desde que não falem mal de mim; nem do governo". Hahaha...

abr 11

INJUSTIÇA

Dá pena de alguns políticos, alvos de tantos ataques injustos da mídia, só porque passam por eles trilhões e trilhões em dinheiro público, e vez ou outra aparece algum desviozinho que pode ou não ser só de interesse partidário...

abr 14

A VELHA POLÍTICA

Depois de algumas campanhas pelo desarmamento da população, veio o vice-presidente dizer que construir a bomba atômica pode ter fins pacíficos. Sei... É o nível de hipocrisia a que chegamos.

mar 10

MARKETING POLÍTICO

Melhorias sociais não precisariam vir acompanhadas de gastanças, de mais burocracia, corrupção, irresponsabilidade fiscal, contas maquiadas e arrogância política.

set 14

METÁFORA

Luz no fim do túnel é talvez descobrirmos que não somos o suprassumo da vida na Terra.

mai 12

PACOTE DE MEDIDAS QUAISQUER

Incapaz de vetar o novo código florestal, e agora incentivando a compra de carros para melhorar a economia, parece que estamos sob um velho governo que ainda não sabe dizer a que veio...

mai 12

Política e natureza: expondo minha decepção

PLANO DE BRASÍLIA

Algumas vezes a religião se acerta ao expressar bem as sutilezas da existência efêmera consciente.

Nas fantasias ideológicas de alguns, compensaria investigar o plano de Brasília para descobrir o que houve de errado para fazer as periferias, ou cidades-satélites, crescerem muito acima do planejado.

Essa não é uma questão de projeto ou planejamento, mas econômica. Bolsões de pobreza não são mais do que a ausência de riqueza, que existe onde a economia não se desenvolve.

mai 09

IDADE DAS TREVAS

Não duvido que apareçam seitas pregando a malignidade do computador. Já se disse aqui, numa escola pública, sobre diferentes aproveitamentos: "os que estudam são também culpados pelos que não querem estudar". Num discurso em Copenhagen, acusaram-se os países nórdicos (onde o frio exige queima de combustível para a sobrevivência) pela desertificação da África, ocorrida há mais de 20 mil anos.

dez 09

QUANDO NÃO PERCEBEM O QUE VERDADEIRAMENTE PENSO E TENTAM ME CONVENCER DO CONTRÁRIO

Talvez para aumentar o mau humor (ou ter pretexto para pensar), li ontem o "artigo" de um colega, ingenuamente enviado pela amiga graciosa, querendo opinião (ou achando que me convenço com essas coisas). Respondi sucintamente: "bem fraquinho; o que ele defende é a gastança desenfreada, deixando a conta para as futuras gerações".

Na verdade era bem pior do que "fraquinho": incendiário, propunha a quebra de contratos, a moratória, o déficit fiscal assumido. Eu poderia responder: "o Sarney já fez isso tudo que ele propõe, devolvendo o país (pelo menos devolveu, o que hoje já não se sabe como será) com uma inflação mensal de 80%".

set 10

CIDADE SELVAGEM

Sinto-me bicho, querendo partir para cima dos motoristas que avançam sobre a faixa quando o farol está aberto para os pedestres. Associo esse comportamento deles à roubalheira no futebol e na política.

set 10

BAIRRO NOBRE E REALIDADE DE CADA DIA

Andam na contramão da História as pessoas responsáveis por esses carrinhos de vigilância, sempre ligados e poluindo o ar, piorando um pouco o congestionamento das ruas, ocupando vagas ou então estacionando em filas duplas (e sobre ocupar vagas, nota-se também o comportamento de taxistas que, mesmo tendo metade de uma rua só para eles, ocupam e desocupam as outras vagas em conchavo com os guardadores).

Na contramão da História anda um país em que o ministro quer estimular a economia mas tem como única medida (sim, única) aumentar o crédito, de tempos em tempos, para as pessoas comprarem carro. Como no passado (e no presente, na Grécia), quer-se estimular um crescimento (que é falso) à base de aumento no consumo e endividamento das pessoas. Pior, endividando-se mais o país e mandando a conta para as futuras gerações.

Enquanto a economia mundial dá sinal de crise e diminuição da matéria-prima, aqui se estimula o consumo, mesmo sem lastro, aumentando-se o número de funcionários, de vereadores, ministros, pastas etc.

Vamos ver como agora os "socioambientais" explicam. Porque quando uma população ribeirinha da Amazônia resolve matar todos os jacarés, explicam que se fizerem isso não haverá jacarés no futuro, e que a economia deles e de seus descendentes será prejudicada. Por que não se lembram dessa mesma explicação em se tratando de política econômica (quando nota-se que todos os governos "conscientes" do mundo são gastadores)? Se no Brasil estimula-se o consumo e o endividamento, levando essa dívida para o futuro (as próximas gerações), também não é essa uma atitude antiecológica?

Acreditam na teoria de que pelo crescimento (de 5% ao ano, digamos) consegue-se equilibrar essa dívida... Mas e se esse crescimento, por vários fatores (dentro de uma contração global da economia, existente e real), não se dá? Arrisca-se o endividamento internacional (como tem sido feito?). É muito difícil para os "conscientes" pensar no futuro? (E vão responder alegando a importância do presente como se não entendessem – e talvez não entendam mesmo – a passagem do tempo.)

ago 12

NÃO DEVERIA ME PREOCUPAR COM ISSO, MAS...

A Grécia gasta mais do que a sua economia produz. Ponto. O resto são discursos para tentar embutir a culpa disso nos países que produzem mais do que gastam.

ago 12

OS RETROCESSOS DE CADA DIA

Cinismo: a prefeitura institui o fim do uso de sacos plásticos em supermercado, vem um vereador de oposição e consegue impedir a medida, alegando (numa justiça confusa) perdas no direito do consumidor etc.

ago 12

RESPONSABILIDADE AMBIENTAL

Já se passou da hora de economizar água e luz (e várias outras coisas como papel, pilha, gasolina etc.), mas também de diminuir o uso de saquinhos plásticos em padarias e supermercados. Só que quando o prefeito anterior propôs isso, apareceu logo um deputado do time que agora governa para sabotar o plano e impedir a obrigação.

(E isso tudo é bem o contrário de como o país vem sendo governado nos últimos 12 anos, à base de gastança e tentativas de crescimento pelo aumento do consumo e do endividamento das pessoas.)

fev 15

POLÍTICA ESQUIZOFRÊNICA

Enquanto a prefeitura reprime os usuários do automóvel, causando todos os tipos de dificuldade, o ministro da Economia vem estudando uma nova redução de alíquota no IPI dos carros, para compensar os prejuízos.

abr 14

COMPREENDE-SE...

É engraçado, porque o primeiro presidente se elegeu por estar sempre denunciando esse "estado de coisas", que são as limitações do Brasil: pobreza, disparidade econômica, má qualidade do serviço público etc. E era óbvio que não poderia solucionar tudo, mas prometeu, e muitos quiseram acreditar.
Agora, fica parecendo que a democracia é a grande vilã.

jun 13

EVIDÊNCIAS

Mas qual o problema disso tudo? A humanidade caminha, cheia de erros e aberrações, com alguns puxando para trás (os hipócritas). Ecologicamente, a tristeza é tanta que quase não faz diferença. Discutir com um demagogo? As posições deles são pra lá de surrealistas, ajudando a difundir a ignorância. Sim, porque a ignorância, como falta de luz e conhecimento, é por si uma falta, difícil de sair do lugar. Mas os demagogos fazem questão de destruir mechas de melhoria, espalhando notícias falsas etc. Por isso não é de se surpreender que andem de mãos dadas com a corrupção.

jan 07

Flagrantes de doutrinação

EDUCAÇÃO

Wally fez escola pública e aprendeu desde cedo que a culpa de tudo são os capitalistas, que não fazem crescer a renda do país a ponto de acabar com toda a miséria humana.

set 13

DISCURSO PERSUASIVO

O neoliberalismo é um sistema injusto, porque concentra não só a riqueza, mas todo o poder nas mãos de alguns poucos, deixando todo o resto da sociedade à mercê de suas vontades.

Quem, principalmente na juventude, não compraria um discurso desse tipo? Mas não se falou aí na diferença entre economia de mercado e a estatizante, e que a primeira permite mobilidade entre as classes, conforme o esforço individual. Na estatizante, há uma casta burocrática cada vez mais corrupta (como já se nota no Brasil), emperrada, cara, que dificulta a produção e quer impedir essa mobilidade.

set 13

DESISTA

Vale para política, religião e futebol: não adianta querer mudar o que é crença com argumentos. A pessoa tem necessidade íntima de acreditar naquilo, e isso compensaria uma sensação de insignificância que pudesse ter dentro de si. Ela precisa ser salva e salvar o mundo, e por um caminho em que o acesso à lógica é restrito. No lugar dela vão se repetir os mesmos mantras, de pouco sentido para os que não pertencem à doutrina.

Os romanos chamavam isso de argumentação *ad nauseam*, de quando "um debatedor repete o mesmo argumento diversas vezes, no intuito de fazer seu oponente desistir de argumentar". O princípio consiste em *vencer o adversário pelo cansaço*; quando todos estiverem exaustos de argumentar, a falta de disposições contrárias leva à impressão de que a asserção é verdadeira.

dez 15

Dicionário político (e economia de mal a pior)

TERMINOLOGIAS

* Injustiça = falta ou ausência de justiça, *impunidade* para os que burlaram o sistema jurídico, ético ou moral.

* Pizza = processo que envolve ações de *ética* ou *legalidade duvidosa*.

* Crime prescrito = depois de muito tempo do acontecido, não pode mais ser julgado.

Já se entende hoje que Justiça = impunidade; pizza = ética, mesmo que na ilegalidade; crime prescrito = qualquer um, pois todo julgamento pode ser adiado.

set 13

VERBETE *GREVE NA USP*

Movimento de oposição sistemática ao saneamento de contas na principal instituição de ensino no país. Deflagra-se principalmente em anos de eleição para governador.

ago 14

DIFÍCIL ADMITIR, MAS...

"Paralisação pela Educação" é uma rima pobre e de sentido duvidoso: a Educação diminui a cada aula que deixa de ser dada.

mar 15

UM MINISTRO AMANTEGADO

Parece ter feito escola em algum país vizinho ao dizer, por outras palavras, que "mais importante do que resultados é saber maquiar bem as contas".

nov 13

GASTANÇA COM DINHEIRO PÚBLICO

Em uma "parada técnica" em Portugal, a comitiva ocupou 45 suítes dos hotéis Ritz e Tivoli, os mais caros da cidade, para que seus membros pudessem jantar no Eleven, a preço de 100 euros por pessoa.

jan 14

LESMA LERDA

"A Economia parou de crescer"... Mas não se preocupe: logo virá uma nova redução no IPI dos automóveis.

mar 14

LEGADO

Não duvido que Mantega ainda vá fazer uma nova redução no IPI dos automóveis antes de sair. Afinal, foi a marca de sua gestão, a grande contribuição...

nov 14

Ideia, ideologia e afeto

SE NÃO É VIOLÊNCIA...

Um ex-presidente do Banco do Brasil virou falsificador de documentos: quando se começou a desvendar a rede de corrupções em que estava envolvido, fugiu para o exterior usando uma identidade falsa – a do irmão morto que ficara sem registro.

Enquanto isso, usou-se dinheiro público para promover manifestações de quebra-quebra e violência. Há pouco, os dois *black blocs* que mataram o jornalista resolveram se explicar dizendo que não queriam acertar em ninguém, estavam mirando *apenas* na polícia.

mar 14

SÃO COISAS DISTINTAS

Poderia se achar irrelevante a escolha política de uma pessoa quando se gosta dela, pois é o mesmo que se importar com o time de futebol por que ela torce. E é pena, pois sabemos que na prática não é assim.

jun 16

AINDA A SELEÇÃO NATURAL DAS BACTÉRIAS

No ar, na água, no mar, na mata, pra todo lugar que você olhar, tudo estará repleto de seres vivos. E todos esses seres vivos, *todos*, estão sujeitos à lei de Darwin, há milhões, bilhões de anos. A lei da competição, da honra ao mérito, da sobrevivência do mais adaptado, essa lei que o igualitarismo quer superar há menos de 200 anos não está no ser humano, mas em toda a natureza, e inclusive dentro do ser humano, nas bactérias e tecidos que fazem parte de nós.

Na vida material, como no amor, o sofrimento está em querer mais do que se tem. O socialismo aposta que na pobreza, com ninguém tendo mais do que ninguém, cessaria esse sofrimento.

Só que o horror do país socialista é a arrogância do quadro burocrático: é deixar a população em fila pra receber qualquer bostinha de atendimento, todos parados, sem poder trabalhar, sem poder fazer nada; todos ali disponíveis apenas para obedecer às ordens do funcionalismo. E é o tipo de sociedade que muitos dos meus amigos (a maioria deles) legitimamente propõem.

jul 16

POLARIZAÇÃO

Isso não tem a ver com ganhar ou perder eleições, pois já existia antes, estimulado por ambos os lados: o colocar-se "nós contra eles", como numa partida de futebol. Se há pessoas que se sentem representadas por um sujeito, e acham que agem em nome de uma causa mais importante, então vão continuar a fazer isso, independentemente de quem ganhe.

out 19

ENGODO PREVISÍVEL

Começam dizendo que é apenas uma manifestação "pela paz". Depois vêm dizer que é também "contra a intolerância". Pronto. Já virou manifestação de ódio: "nós contra eles". "Eles" são intolerantes, e "nós" não, "somos os da paz". "Nós temos o direito de odiá-los porque eles são intolerantes, e nós não". "E eles não podem nos odiar, porque os intolerantes são eles, e não nós".

Do mesmo modo, "eles são racistas, e nós não". Então, "nós temos o direito de odiá-los porque eles são racistas, e nós não". E "eles não podem nos odiar...".

ago 19

Otimismo

APROXIMANDO-NOS DA VERDADE

Apenas uma coisa ontem foi capaz de me emocionar: a prisão, no Rio, dos assassinos da vereadora. Foi uma operação muito complexa, cheia de detalhes, e tenho esperança de que isso ainda vá alterar os rumos de nossa História.

fev 19

É POSSÍVEL TRANSFORMAR

Minha colega nunca deixou de se aprimorar e começaria agora um novo pós-doutorado. Porém a Terra parou e parece que nunca mais será a mesma. Teremos de nos adequar a esses tempos.

mar 20

© 2020 por Filipe Moreau
Todos os direitos desta edição reservados à Laranja Original.

www.laranjaoriginal.com.br

Editor Filipe Moreau
Projeto gráfico Marcelo Girard
Produção executiva Gabriel Mayor
Revisão Bruna Lima
Diagramação IMG3

Dados Internacionais de Catalogação na Publicação (CIP)
(Câmara Brasileira do Livro, SP, Brasil)

Moreau, Filipe
 Pequenas crônicas do passado / Filipe Moreau ; ilustração Marcos Garuti. -- 1. ed. -- São Paulo : Editora Laranja Original, 2020.

 ISBN 978-65-86042-09-2

 1. Crônicas brasileiras 2. Histórias de vida I. Garuti, Marcos. II. Título.

20-42100   CDD-B869.8

Índices para catálogo sistemático:

1. Crônicas : Literatura brasileira   B869.8

Maria Alice Ferreira - Bibliotecária - CRB-8/7964

Laranja Original Editora e Produtora Eireli
Rua Capote Valente 1198
05409-003 São Paulo SP
Tel. 11 3062-3040
contato@laranjaoriginal.com.br

Papel Pólen Bold 90 g/m²
Impressão Forma Certa
Tiragem 150 exemplares
Agosto de 2020